波濤を越えて

五高の外国人教師たち

小山 紘

論創社

はじめに

二〇一九年五月一日、新天皇の即位に伴い、元号が「平成」から「令和」になった。「令和」の典拠は万葉集にある「初春令月、気淑風和（初春の令月にして、気淑く風和ぎ）」。安倍晋三首相は記者会見で「人々が美しく心を寄せ合う中で文化が生まれ育つという意味が込められている」と述べた。

新元号決定の報を受けて、まず頭に浮かんだことは令和天皇の置かれた時代状況が、明治維新以来の明治、大正、昭和、平成の歴代天皇と違って大きく異なっていることだ。昭和天皇は軍ファッシズムの足音が高まる中、大日本帝国憲法（明治憲法）に依拠して「萬世一系ノ天皇トシテ、日本帝国ヲ統治」し、戦争の道を歩んだ。そして昭和二〇年八月一五日正午、ラジオで戦争終結の詔書を玉音放送した。戦争犠牲者は三百二十万人に及んだ。

昭和八年一二月二三日生まれの平成天皇（上皇）は、幼児期に盧溝橋事件（昭和一二年七月）の発生を知り、学童疎開も経験した。戦後、天皇に即位したあとは昭和天皇が願った「平和国家建設」への思いを引き継いで、沖縄など各地に慰霊の旅や被災地の訪問を重ねられた。

令和天皇は戦争を知らない戦後生まれである。このことは、国民が終戦の日から七三年を経て、戦争体験を持たない天皇を、「国家の象徴、国民統合の象徴」に迎えたことを意味している。

日本国憲法は第九条に「戦争の放棄」の条文をうたっているが、新たな時代への大きな希望は「戦争体験を持っていない天皇」が象徴として、務めを果たす「平和な日本」であり続けることである。

新時代の始まりに当たって、日本が世界平和へ向けてさらなる一歩を踏み出すことを願わずにはいられない。

ところで、近代日本の歩みと共に多くの人材を輩出した旧制高等学校が戦後の教育改革（六・三・三・四制導入）によって、昭和二五年三月に最後の卒業生を送り出してからやがて七十年になる。廃止された旧制高校は明治期に創設された八校のナンバースクール、大正から昭和にかけて誕生した地名高校、大学予科、私立高校の計三八校（卒業生総数は、約二一万人）である。

九州の最高学府として明治二〇年に創立された五高からは池田勇人（大正一一年卒、広島県出身）、佐藤栄作（大正一〇年卒、山口県出身）両元首相をはじめ、一万三千人が巣立った。最後の卒業生は九〇歳を迎える。昨今は、卒業生たちがバンカラ青春にタイムスリップして、巻頭言を高らかに読み上げ、太鼓の音とともに寮歌を歌う同窓会や寮歌祭も姿を消してしまった。旧制高校の後身ともいえる国立大学のキャンパスも様変わりし、旧制高校時代の寮歌が歌われたり、校風が語り継がれることもなくなった。旧制高校は遠くなりにけりである。

五高最後の米国人英語教師、ロバート・クラウダー（一九一一〜二〇一〇）が、ロサンゼルスのダウンタウンにある日米文化会館で屏風絵展を開催したのは平成一四年五月だった。会場の入り口には、歌手の加藤登紀子さんがメインテーマ「滅びゆくにっぽんの鳥」を達筆な書で揮毫していた。

クラウダーは昭和一四年九月に五高教師に赴任したが、太平洋戦争開戦日の昭和一六年一二月八日に諜報容疑で逮捕され、一年一〇カ月に及ぶ抑留生活を経て、捕虜交換船で米国に強制送還された。帰国後はロサンゼルスを拠点に日本で学んだ「日本の伝統美」を作風に生かし、壁絵作家、日本画家として成功を納めた。

「私は戦争によって大好きな日本から引き離されてしまった。戦争に勝ち負けなんかない。鳥たちが滅びるような地球になれば、いつか人間も滅びる」。クラウダーがコメントした言葉は今でも胸に重たく響く。

展覧会会場を訪れた翌日、ビバリーヒルズの自宅を訪れた。クラウダーは同行の五高卒業生が土産に持参した魔法瓶の包みを丁寧に開けた後、何度も「ビューティフル」と感嘆の声をあげ、嬉しそうにお湯を注ぐ格好をした。卒業生の歌う寮歌に涙を浮かべている様子に当方まで胸が熱くなった。

クラウダー宅を辞した後、印象深い出来事があった。卒業生たちと近郊のメキシコ料理店で夕食会を開いた折に、近くの席にいたドイツの観光団が歌を唄い始めた時のことである。クラウダーの懐旧談をしていた増岡健一氏（昭和一八年理甲卒、熊本県出身、故人）が突然立ち上がり、仲間を誘って、ドイツ人たちの輪に加わり、一緒に肩を組んで、ドイツの歌曲（どんな歌か忘れたが）を歌い始めたのである。ほかの客席からも時ならぬ日独交流の輪に称賛の声が上がり、店内に大きな拍手が沸き起こった。席に帰ってから「ドイツ語の歌をよくご存じですね」と声をかけると、「五高在学中にドイツ語教師、ドル先生がドイツの歌曲や民謡を唄ってくれた。歌詞も歌っているうちに思い出したよ」と話していた。増岡氏らの在学中は日中戦争、そして太平洋戦争へ突入する戦時下にあったが、学校では外国人教師によるドイツ語と英語の授業は続けられていた。

クラウダーやドルが教壇に立った五高（熊本大学の前身）は、森有礼の中学校令公布によって、第五高等中学校として発足し、明治二七年の高等学校令で日本初の名称「高等学校」となった。帝国大学へ進学する「大学予科」を骨格とする高等教育機関の誕生だった。その後、大正七年に新たに公布された高等学校令により、校名に地域名がつく「地名高校」が誕生し、旧制高校は、帝大への唯一のコースとして位置付けられながらも、大学から独立した「男子のための高等教育の完成――人格形成の場」となった。教養主義を柱として、寮自治を掲げながら、弊衣破帽、バンカラと呼ばれる独自の校風を生み出したナンバースクールの旧制高校文化が追認されたともいえよう。

劇作家、木下順二（昭和一一年卒、熊本県出身）は、『五高その世界』（西日本新聞社刊）の序文に「旧制高校というのは、戦前の学制六・五・三・三、この下から二番目の、中学と大学の間に挟まれているという点では今日の高校と同じだが、その内容たるや天と地ほど違う特殊な三年間であった。特殊という意味は、例えばわれら旧制高校出身者の間では、今でも「あの無駄な三年間というものは実によかったなぁ」という会話がしばしば交わされる……大学受験などということがほとんど気にならなかったのは、今日とは違う受験生の数の関係かどうかは知らぬが、とにかく自分の人間形成の責任を大きく本人に任せられた三年間でそれはあった」と記している。旧制高校が、今で言えば高校三年から大学二年生までの人格形成期に、青春を沸騰させるやかんの置き場所となって、未完の大器たちを大きく育てる教育環境を作っていたことを端的に伝えた文章である。

こうした旧制高校の世界で、大学で不可欠な語学教育を受け持つ語学教師たち、なかでもシンボル的な存在が、外国人教師たちである。本書『波濤とともに』で書こうとしているのは旧制高校史を俯瞰しながら、外国人教師やその周辺にスポットを当てた「旧制高校発掘ヒストリー」である。

何故外国人教師を取り上げるのか……。これまで『五高その世界』『さらば我友叫ばずや』（論創社刊）で旧制高校の世界を執筆してきたが、外国人教師に関して、書き足りない気持ちを持っていた。

もう一つ、個人的な動機もある。最近になり、祖父が五高在学中にドイツ人教師宅で書生をしていたことを知ったこと、五高教授であった父と共に戦後の一時期、クラウダーの居宅でもあった西洋人官舎で生活し子供時代を過ごしたことも、外国人教師への関心を高めることにつながった。

五高外国人教師は、ドイツ人、英国人、米国人、スイス人など三〇人（フランス人教師はいない）にのぼる。英米系では、「古き良き日本」を世界に発信した文豪、ラフカディオ・ハーン（小泉八雲）が知られるが、夏目漱石が講師に推挙したジョーン・B・ブランドラムをはじめ、宣教師たちも教壇に立った。戦時下、官憲から親日を装った諜報員であるとの疑いをかけられ、有罪判決を受けた英国人退職教師G・マーターもいる。教師として名簿上に登録されていないものの、ハンセン病患者救済の母、ハンナ・リデルも五高生に英会話を熱心に教えた。

ドイツ人教師の教職生活も波乱に満ちている。エルンスト・エドマンズデェルフェルは、教育勅語体制下、「不敬事件」で糾弾された。旧制高校初のドイツ人女性教師、ソフィー・ビュットナーは、第一次世界大戦（日独戦争）の勃発により、同胞捕虜の世話に奔走した。

またドイツ人教師の場合は、多くがエリート教養層出身の強みを発揮し、日本人教師との知的交流を深め、西洋社会に日本の伝統文化を発信し、日本学の啓蒙・普及に貢献している。こうした教師の中には、ノーベル文学賞を受賞したヘルマンヘッセの従弟、ウィルヘルム・グンデルトもいる。彼は日独文化協会の初代ドイツ人主事を務め、ナチス政権下、日本学者として初めてハンブルグ大学総長になった。

外国人教師たちは人は変われども、国家の教育指導方針である「教育勅語」体制下、近代国家づくりを急いだ我が国に西欧の新しい文化や思想を持ち込み、あるいはジレンマを抱えながら、同僚の日本人教師や生徒たちと共に日清戦争、日露戦争、日中戦争、そして太平洋戦争に至る戦争の道を歩き、そしてその歴史の一コマ一コマの証言者として立ち会った。彼らの足跡はそのまま「近代日本の青春」を共有し、「教養知」ともいえる財産をもたらした。しかし、太平洋戦争はこうした外国人教師たちの活躍の舞台を吹っ飛ばしてしまった。開戦と同時にクラウダーが五高から連行されたように、ドイツ人教師たちもまた、教壇を追われ、敗戦後に抑留の身となって本国へ強制送還された。旧制高校は戦後、外国人教師不在に追い込まれ、その歴史の幕を閉じた。

今日、大学をはじめとする高等教育界で、多文化的な価値観を重んじるグローバル社会（地球環境問題、人種や民族対立、国際紛争、テロリズム、巨大災害等）に対応して、改めて語学教育の役割が大きな課題となっている。そこで見られる状況は、ややもすれば、グローバル教育イコール英語一辺倒であったり、大学全学の要請との立場を重視するあまり、かつて高等教育のシンボル的な存在のドイツ語教師、フランス語教師や講座の激減だったりしている。英語以外の外国語取得をドイツ語などに特定することなく、中国語や韓国語、ロシア語など他国の語学習得の機会が増えることは、時代の要請であろう。かといって、このことがドイツ語やフランス語の教師不在につながることになれば、新たな問題を招きかねないだろう。

大切なことは、大学の専門学分野に進む教養課程の段階（今は教養学部が無くなっているが）いわば、多感な人格形成期に当たる教育課程で、外国人教師と全人的交流が展開されるような高等教育の環境が、いかに生み出せるかどうかだろう。

旧制高校は戦後の教育改革で、エリート教育、学歴社会を助長したとの批判を受けた。その一方で、専門教育の前段で、外国人教師との全人的な交流の舞台も創り出し、生徒たちに国際社会に目を開かせ、人格形成と自由な教育環境を生み出したと、海外でも広く評価されている。本書は、かつての旧制高校の精華の一つでもあった、今は亡き外国人教師やその周辺に捧げる「教育遺産ものがたり」でもある。

刊行にあたって

本稿記述の外国人教師履歴の大半は上村直己氏（熊本大学名誉教授、元日本独学史学会会長）の『九州の日独文化人物交流誌』の「第五高等学校外国人履歴：附録」から引用した。こうした文献を活用できるのは、研究者たちが、熊本大学総合研究資料館等に所蔵されている膨大な五高関係史料から、『職員進退』及び『職員拝命転免通知書』等を丹念に調査、研究した賜物である。ほかにも、ドイツ人教師については、鹿子木敏範（故人、熊本大学教授）の文献や上村氏の著書『近代日本のドイツ語学者』『明治期ドイツ語学者の研究』、また英語担当教師に関しては、故中島最吉、故今村隆、池邉和彦、国津道雄氏ら学者グループのレポート「旧制第五高等学校外国人教師に関わる調査・研究（その一）」（『全国五高会会報』第八九号）、熊本大学五高記念館の藤本秀子、薄田千穂両研究員ら研究スタッフ、藤本佳史氏（リデル・ライト両女史記念館元館長）らのご尽力、ご指導、こうした幾多の学恩により、出版にこぎつけることができた。

なお、本稿文中の登場人物は「歴史上の人物」として扱い、原則として敬称を略させていただいた。肩書は五高同窓会会員名簿や取材当時に知り得た職名のままにしており、五高同窓生の場合は卒業年、出身都府県を付記した。ご存命の方や不祥の方は敬称として「氏」を付けている。

目次

波濤とともに——五高の外国人教師たち

序章　九州に「五高」誕生――重視された語学教育

熊本大学前のバス停を下りて十五分、熊本市の北東部に位置する立田山に向かって、大学東側の石垣沿いに坂道を上っていくと、左手に熊本市営墓地、小峰墓地（熊本市中央区黒髪）の標識が目に入ってくる。

小峰墓地は、昔は黒髪村のひなびた村民墓地だった。その後、陸軍墓地ができ、西南戦争から日清戦争、日露戦争、第二次世界大戦までの戦没者の霊域の場となった。広場中央には、パリで客死した洋画家、海老原喜之助のレリーフのある忠霊塔がそびえ、西南戦争の戦死者や処刑された熊本隊士を悼んで名前が刻まれている。

小峰墓地の反対側、右手に曲がると、ハンセン病患者救済に生涯をかけたリデルとその姪ライトの記念館があり、真直ぐ歩けば、旧熊本藩主・細川家菩提寺の「泰勝寺」跡を訪れることができる。最後の藩主、細川護久（初代熊本県知事）は、五高設立の際に校舎建築費一〇万円のうち、一万円を寄付した。いずれの場所も、熊本市民になじみのある立田山自然公園に位置し、立田山散策の通り道である。

小峰墓地には、五高とゆかりのある二カ所の史処がある。一つは、初代文部大臣、森有礼が「大学令」とともに公布した「中学校令」により、九州各県が高等中学校設置の誘致合戦を繰り広げるなか、五高誘致に貢献した佐々友房（私塾濟々黌《せいせいこう》創設者、国会議員）の墓所である。

もう一つは、五高教師をしていた文豪ラフカディオ・ハーン（帰化名は小泉八雲）お気に入りの石仏（鼻かけ地蔵）だ。墓地に足を踏み入れ、左手の並んだ墓石間の小径を五〇メートルほど歩くと、苔むす石仏に出会うことができる。

ハーンは、「古き良き日本」を素材に、数多くの出版物を欧米に向けて発信した。こうした著作の一つ、『東の国から――石仏』（『全訳小泉八雲作品集』第七巻所収）は、この石仏の傍らから展望した九州の最高学府「第五高等中学校」の印象から始まっている。

「官立高等学校の後ろにある丘のてっぺん――小さなだんだん畑がずっとなぞえになってつづいている。そのうえのところに、むかしからある村の墓地がひとくるわある…（略）…ある日、授業時間がふた組のクラスで一時間ほどひまがあいたので、わたしは、この丘のてっぺんに登ってみることを思い立った。わたしが登っていくと、真っ黒な、人にはけっして害をしない小さな蛇がにょろにょろ道の先を切ったり、枯れっ葉と同じ色をした無数のイナゴどもが、わたしの影におどろいて、ざわざわと飛び出したりした」

「さながら鳥瞰図でも見るように、近代都市の縮図のような学校が見えてくる。すべて一八八七年式の、窓のたくさんついた、長蛇のような建物だ。どこを見ても、一九世紀の実用一点張りの建築を代表している建物である。これをこのまま、ケントや、オークランドや、ニュー・ハンプシャあたりにもって行っても、すこしも時代のずれを感じるようなことはあるまい」

冒頭のくだりを読むと、出雲の国、島根県松江市から熊本にやってきたハーンの驚きが伝わってくる。眼下のモダンな赤煉瓦校舎群、それは、来日後に東京で見た帝国大学の威容を思い起こさせるだけではなく、近代化を急ぐ日本の姿を象徴していた。

森有礼が目指した国家有為の人材養成

五高の熊本設置が決まったのは、日本初の内閣を率いた伊藤博文首相が、総理官邸で盛大な仮装舞踏会を催した五日前——明治二〇年（一八八七年）四月一五日である。当時、明治政府は、不平等条約改正のために極端な欧化主義政策「鹿鳴館外交——西洋舞踏会」を展開していた。

板垣退助監修の『自由當史』（下巻）によると、西洋舞踊会は同年春から盛んになり「朝に外務大臣の招請があれば、夕は総理大臣の夜会」があった。二〇日の仮装舞踊会は、夜九時から始まり、内外朝野の貴顕紳士、夫人、令嬢四〇〇余人が仮装姿で参加し、翌日午前四時まで続いている。「伊藤総理大臣は伊太利べニスの貴族に凝し同令嬢は同国の田舎娘に岩倉具綱氏は其男子に扮して……」といった塩梅で、この文章を読んでいると、まるで日本の大臣や淑女が皆外国人の嗜好を慰める俳優になっているかのようだ。

しかし、文部大臣の森有礼がこの催しに出席したことを示す記事は見当たらない。巷間謂われるような欧化主義者ではなかった。

森有礼は、明治一九年に帝国大学令、中学校令を公布する。帝国大学令は、東京大学を帝国大学とするものだが、中学校令は、尋常中学校について定めるとともに、国内を五つの高等中学校区に分け、尋常中学校を経て、高等中学校本科（医学部は別）を卒業すれば、帝国大学にストレートで進学できる道を開いたものだ。

文部大臣　森有礼

地方の生徒たちは、高等中学校ができるまでは東京大学予備門を経なければ、学問を究める大学へ進むことができなかった。高等中学校構想は、国家の柱石たる有為な人材を養成する高等教育機関の地方分散化政策でもある。

問題は、高等中学校をどこに設置するのか、だった。東京大学予備門を第一高等中学校に、大阪の大学分校を第三高等中学校とすることまでは道筋が整えられていたが、他の第二、第四、第五地区では、各県から誘致の声が上がり、高等中学校の設置場所、教育内容について大きな課題が残されていた。

なかでも第五区である九州地方は、長崎、鹿児島をはじめ、各県が誘致にしのぎを削り、森有礼も精力的に九州を駆け回っては、立地選定や教育方針について地元有力者と意見を交わした。

ここで活躍したのが、熊本・私塾濟々黌中学校（熊本県立濟々黌の前身）を率いていた若干三三歳の佐々友房である。佐々は、森有礼の故郷である鹿児島の異才、西郷隆盛に心酔していた。西南戦争では熊本隊士の一人として参戦、獄中生活を経たあと、私学校経営に当たり、国士教育に情熱を傾けていた。

森が熊本視察に訪れると、佐々は、深夜、森有礼の宿舎に押しかけて、人づくりの必要性を説いた。その熱弁ぶりは「国政に思ひを馳せ、外交に心を砕きながら道義の退廃を嘆き、教育の重大性を腹の底から訴えたものである」と本田不二郎（昭和一〇年卒、熊本県出身、熊本県教育委員長）は書き残している。

佐々は、当時、森が日本の教育行政を預かる最高責任者になったこと自体に大きな不満を募らせていた。理由は、急進的な自由主義者・欧化主義者・キリスト教徒ではないかという疑念だった。

森は英国・米国への留学から帰国したあと、福沢諭吉らと「明六社」を設立し、欧米思想の啓蒙に当たっていた。「廃刀」を主張し、日本で初めての「契約結婚」をした人物である。「あの西洋かぶれの男に日本の教育を任せていいのか」――。佐々の耳には、郷土の先輩で明治天皇の侍講、元田永孚が「森は基督教徒であるために儒学的教学を無視している」と批判したことも伝わっていただろう。

熊本で見せた森の顔は、佐々の危惧とは異なっていた。本田不二郎は「森有礼は、佐々と会ったことで、濟々黌に迸る武士道教育——国士教育のモデル校を熊本に設立する腹を固めた」と見ている。

帰京後、森は早々に五高本校（本科二年、予科三年、補充科二年）の熊本設置を決めると同時に、初代校長に東大予備門長から初代の第一高等中学校校長に就任したばかりの腹心、野村彦四郎（石川県出身）を起用した。分校医学部は四カ月後に長崎県医学校を国に移管し、長崎に設置した。野村の後任には、佐々の盟友で、私塾濟々黌の副黌長をした古庄嘉門（当時は大分県書記官）を第一高等中学校二代目校長に抜擢した。

ちなみに古庄は、明治二三年に帝国議会開設が決まるや、教頭の木下広次（熊本県出身）に校長職を譲り、佐々友房と一緒に熊本独自の保守的な政治風土の土台となった熊本国権党を組織し、第一回衆議院議員選挙に当選した。なお、木下は、在校生に対して「籠城自治の勧め」と呼ばれる演説を行ない、大きな影響を与えている。「外宿（下宿のこと）の風習は実に諸君の毒薬なり。校外一歩皆敵」と強調する一方で、生徒たちに国家指導者となる責任と自覚を促し、

五高初代校長　野村彦四郎
（『五高五十年史』より）

寄宿舎内での自治推進を求めるものだった。

初代の外国人教師はカナダ人宣教師

野村彦四郎は、着任するや、本校舎建築費の資金工作から用地選定、教官集めに奔走。立田山の麓（熊本大学所在地）に一七万六八〇〇平方メートルの広大な敷地を確保し、学園造成に取りかかった。その一方で、熊本城内の一角に仮校舎と寄宿舎を作り、第一回入学試験を実施し、生徒二四人、仮入学生六一人に入学を許可した。

授業は、体育など心身鍛錬に重きを置きながらも、語学教育に力点が置かれた。語学が重視されたのは、大学では、西欧の近代文明を取り入れるため、国のお雇い教師である外国人教授によって講座が展開されていたためだ。高等中学校にとって、英語やドイツ語などの語学教育は、避けて通れない、必要不可欠な履修科目である。

当時の授業時間を見ると、予科で第一外国語（英語）が週九時間から六時間、第二外国語（ドイツ語）は週三時間、さらに本科に入ると、二年間にわたって、第一外国語、第二外国語ともに週四時間、さらにラテン語が二年目から週二時間設けられている。卒業生も「寄宿舎は寝台を用い、教科書はすべて原書を使った。まるで英語専門の観があった」（『習学寮史』）と記している。

開校当初の語学担当教師は、英領カナダ人、イーバル・クラムミー（英語担当）を含め八人だった。日本人教師は、まだ語学専門教師が育っておらず、英語で化学や博物学、地学、歴史などを学んでいた教師が語学教師を兼ねていた。

クラムミーは、明治二一年五月から同二四年七月まで三年余り教壇に立った。ヴィクトリア大学で文学士、理学士の博士号を取得した宣教師で、給料は月額二〇〇円だった。当時、巡査の初任給が八円の時代である。いかに国のお雇い教師の待遇が優遇されていたかがわかる。

生徒たちのクラムミーに寄せる期待は大きかった。第一回卒業生の藤本充安（明治二五年卒、熊本県出身）は、次のように証言している。

「クラムミーは若夫婦で来日。すこぶる快闊で無邪気の様子だった。名物のウサギ狩りに別誂えの大きな草鞋を履いて参加し、喜んでいた。身長も高く、我々の二倍ほどの大きな手で、握手をしてくれた。野球にも参加して、米国流の最新の投げ方を教えてくれた」

テキストは、『サイラス・マナー』。クラムミーは「妙所になると、手真似、容貌を駆使しながら」親切に指導した。しかし、日本の音楽事情について不満だったようで、「日本の楽器は充分に進歩しておらず、到底、西洋楽器の優秀さに及ばず、したがって音楽も欧米に及ばずと聞かされていた」。

藤本らは、クラムミーの身分が宣教師とわかっていても、日本の近代化に必要な西欧文化・文明をもたらしてくれる国のお雇い教師と尊敬していた。五高退職後に富山に向かったといわれているが、その後の消息の記録は五高に残っていない。五高関係者は「教師を辞めたあとは、来日当初の目的である宣教師活動に従事したのではないか」と推測している。

ドイツ語の初代教授は、英語や歴史、地学も担当していた賀來熊次郎（大分県出身）である。

東大医学部予科、明治法律学校に学んだあと、明治一八年に内務省警保局に入り、明治政府が進めていたドイツの警察制度導入に関して、ドイツの警察刑法の翻訳を務める傍ら、警官教習所でドイツ人教官の通訳をした、ドイツ語の達人だった。

授業は、実用向きのドイツ語教科書を使った。大変、厳しい先生で、賀來の授業を受けた八波則吉（明治三一年卒、福岡県出身、五高教授）は「今でも折々、生徒の時代に独逸語で苦しんだ事を夢見る。予習をしていないのに当てられ、立ち往生しているときに目が覚めて、ああ、夢でよかったと思う」と記している。賀來熊次郎は、明治三一年八月に三高へ転出している。

ハーンを驚かせた赤煉瓦の見事な新校舎群――本館（二階建て）と物理、化学教室用の二棟が完工したのは明治二二年八月である。開校式は、翌年の明治二三年一〇月一〇日に落成式を兼ねて挙行された。

校長は、野村校長から、三高幹事から赴任した二代目校長、平山太郎（宮崎県出身）に変わっていた。平山は、体育家として知られた野村と異なり、米国に五年間も留学していた学者タイプの教育者だった。

野村が本校舎落成を目前に五高を去ったのは、最大の理解者だった初代文相、森有礼が明治二二年二月一一日の憲法発布の式典の朝、山口県士族、西野文太郎に刺され、翌日死去したため、後ろ盾を失い、非職となったことによる。文部大臣は、森の死去後に文相兼任となった大山巌陸軍大臣から、大政奉還後に函館五稜郭で戦った旧幕臣、榎本武揚に交代していた。

五高開校式には、本科生、予科生に加え、長崎から大挙して駆けつけた分校医学部生を含め、総勢八八〇人が出席した。

席上、浜尾新文部省専門学務局長が文相代理として挨拶した。

「本校は国家の元気となり、枢要なる機関となり、社会の中等以上に立ち、公私の業務に就き、又進みて大学等に入り、専門の学術を研究せんとする者をして高等教育を受けしむる所なり」

この祝辞は、政府が第五高等中学校を九州唯一の最高学府と認定し、本科を卒業すれば、帝国大学進学を保証することを天下に宣言したものだった。この祝辞に九州は沸き立った。熊本はもとより、九州各地から五高を訪れた生徒たちは、光を浴びて燦燦とそびえ立つ赤煉瓦校舎に大きな夢を膨らませた。

当時、本科一年に在学していた木崎虎太（明治二五年卒、のちに武藤虎太と改姓、第九代五高校長）もまた、浜尾の挨拶に感激した一人である。というのも、木崎の場合は、大学予備門――帝国大学進学を目指して上京中に五高設立の報を聞いて、急ぎ帰熊し、五高入学を果たしていた。故郷で勉強しても帝国大学への道が開かれる、そんな喜びで心が昂ぶったことだろう。

高等中学校から「高等学校」（旧制高校）へ

高等中学校は、明治二七年六月、日本で初めての名称「高等学校」に変わった。当時の文相、井上毅（熊本県出身）が公布した「高等学校令」に基づくものであるが、これにより、高等学校は、帝国大学に入学する学生のために大学予科（三年制）を設けることができるとしながらも、高等学校の原則は、専門学科（四年制）を教授する場となった。高等中学校から帝国大学へ進む単線制度を残しながら、高等学校の本来の目的を帝国大学よりも低レベルの専門大学に衣変えし、国家にすぐ役立つ人材養成も目指すことになったのである。

この結果、第一から第五までの高等中学校のうち、京都の三高は大学予科が廃止され、医学部、工学部、法学部を抱えた高等学校となった。また寄付金立の山口高等中学校は廃校を免れたが、鹿児島の高等中学校造士館は廃校となり、三高と鹿児島の生徒のうち、帝国大学進学を目指す生徒は、他校への転学を余儀なくされた。五高には当時、三高から五五人、鹿児島から五八人が転入した。

井上毅の高等教育改革については、帝国大学をはじめ、多くの高等中学校側から反対の声が上がっているが、熊本では三代目校長、嘉納治五郎（在職、明治二四年九月～二六年一月）が、九州への大学設置構想を働きかけていたこともあって、後任の第四代校長、中川元（在職、明治二六年一月～三三年四月）は「余の思うところである」と歓迎した。これにより五高は、高等学校の中でも、大学予科に加え、医学部（のちの長崎医専、長崎大医学部）、工学部（のちの熊本工専、熊大工学部）を抱える、全国屈指のナンバースクールとなり、教師陣もラフカディオ・ハーンや夏目漱石など旧制高校史上に名を残す、数多の語学教師が教壇に立つようになる。

その後、高等学校は新たなスタートを切った。第一次世界大戦終結の翌月、大正七年（一九一八年）一二月に当時の文相、中橋徳五郎が高校進学希望者の増大に対応して「高等学校令」を公布し、翌年八月から「高等教育機関の大拡張策」に乗り出した。これにより、帝国大学進学コースとなる高等学校は、明治時代に創設された一高から八高までのナンバースクールに加え、大正一二年にかけて松本や、浦和、福岡など校名に地名がついた一七校が続々と生まれたのをはじめ、最終的には公立、大学予科、私立高校を含め、計三八校が誕生した。今日ではこれらの学校を、太平洋戦争後の教育改革で設立された新制高等学校と対比して、旧制高等学校と呼んでいる。

もう一つ、注目されることは、こうした高等学校の発足に伴って、フランス語講座がナンバースクールの一高、三高に続いて、大正一一年に浦和高校、福岡高校（いずれも文丙）、大阪高校（理丙）、同一三年には静岡高校（文丙）、さらに翌年の一四年に東京高校（文丙、理丙）に誕生し、フランス人講師が招聘されたことである。五高に代表されるように、英語を第一外国語とする甲類、ドイツ語を第一外国語とする乙類の学校に比べると、これらフランス語授業（丙類）を展開する高等学校の数は少なかったが、大正デモクラシーに後押しされたように、フランス文化を受容する、フレッシュな講座が生まれたことは特筆に値する。

五高では、嘉納治五郎校長時代に教頭の桜井房記（六代目校長）がフランス語授業を受け持ち、ラフカディオ・ハーンに後任を頼んだとの話やヘンリー・ファーデルが教えたりしているが、その後、学科でフランス語講座が設置された記録は伝わっていない。こうしたことから、本書ではフランス人教師による講座展開についてはは割愛させていただく。

一章　お雇い教師ラフカディオ・ハーンのジレンマ

講道館柔道の創始者、嘉納治五郎が文部省参事官の職を辞し、五高の三代目校長に就任したのは、明治二四年（一八九一年）九月である。三十二歳。「役人よりも校長の方が性に合っている」と、結婚式を挙げたばかりの須磨子（旧姓竹添）を東京に残して単身赴任し、放課後になると柔道衣に着替え、生徒たちと乱取りをしていた。

この嘉納時代に世界的な文豪、ラフカディオ・ハーンが、二代目の外国人英語教師として松江からやってきた。在職期間は、明治二四年一一月九日から同二七年二月三〇日までの約三年間である。前年四月の来日以来、島根県立松江中学校、同師範学校で教師生活を送りながら、古き良き日本に魅了され、西欧に向けて文筆活動に意欲を燃やしたハーンにとって、月給二〇〇円のお雇い外国人教師のポストは願ってもない好条件だった。

転任のきっかけは、ハーンの友人、チェンバレン（帝国大教授）から受け取った一通の手紙だ。

そこには「嘉納治五郎が、第五高等中学校の英語教師の職を提供したいと言っている…（略）…熊本は気候が良いし、これから貴兄が出版される予定の本の価値を高めることになる」（明治二四年一〇月四日付）と書かれていた。

ハーンが、出雲の地、松江を離れた動機について次の三点が挙げられる。一つは、松江の寒さからの脱出。ギリシャのサンタマウラ島に生まれ、太陽が照りつける米国南部のニューオリンズで新聞記者をしていたハーンにとって、日本海から吹きつける寒風は、体にずしりとこたえていた。

熊本大学構内にあるラフカディオ・ハーンのレプリカ碑

二つ目は、月給二〇〇円の魅力。松江時代も月給一〇〇円を貰い、日本人教師に比べると破格の待遇だったが、小泉節子（戸籍はセツ）と結婚し、小泉家の家長として扶養家族を抱える立場になると、高額の給与が貰えるお雇い教師の身分は魅力的だった。

三つ目は、元新聞記者としての取材欲だろう。翻訳家、平井呈一氏は、ハーンが熊本で日本の武士道精神と対決することになったと指摘し「熊本でいわゆる九州男児という豪健な魂と気風にみなぎった若い精神、封建精神の濃厚な、きびしい家長制度のなかでの孝道の教え、そういうものに生徒たちや周囲の生活を通じて、はじめて強く触れた八雲の驚異は、想像するに余りあります」（『全訳小泉八雲作品集』第七巻）と論じている。

熊本は自ら選んだ転職場所ではなかったが、結果的に、武士道精神をはじめ、日本文化や伝統への理解を深めるきっかけになった。五高時代の体験から生まれた作品の数々は、熊本時代の収穫の賜物ということにとどまらず、松江時代に理解を深めた神道や民俗学研究を重ねながら、文学者、文明批評家、民俗学者として大成していく道程を示している、と言えそうだ。

嘉納治五郎校長ら語学達者な教師陣

ハーンの五高生活は、熊本市手取本町の借家（ハーン資料館として一般公開中）で始まった。家賃は一一円。入居の折に所有者の赤星晋作に対して「部屋に皇大神宮の神棚を作ってほしい」と依頼し、出来上がると、毎朝、拍手を打って拝礼した。しかし、近くのキリスト教会から聞こえる鐘の音が嫌で、一年後に坪井西堀端に転居し、祈禱師に頼んで竈開きまでしている。

ハーンは宣教師が嫌いだった。子供時代に寄宿していたフランスのカトリック学校の影響と伝えられているが、国文学者の井上洋子氏（鳥栖市在住）は、「宣教師嫌いを通り越して、宣教師憎しだったんですね」と述べている。

学校には人力車に乗って出かけた。教師陣の語学レベルは松江時代と比べられないほど高く、校長の嘉納治五郎もまた「どの日本人よりも英語をうまく、上手に書く」ことができた。教頭の桜井房記はフランス語が達者で、ハーンとの会話はフランス語だった。

英語主任教授の佐久間信恭は、札幌農学校で新渡戸稲造や内村鑑三と一緒にクラーク博士の指導を受けた英語学の権威で、古代英語と中世英語の研究者だった。ハーンは西田千太郎宛に「すべての教師が、英語を話します――巨髭を蓄え、ソクラティースの如き頭を有する、愉快な漢学の老教師の外は」と手紙を書いている。

嘉納治五郎の送別写真。左から横向きのハーン、嘉納治五郎、秋月胤永（『五高七十年史』より）

英語が話せない例外的な教授は秋月胤永である。元会津藩の重臣で、藩主の松平容保が京都所司代職に就いた折に公用人として活躍、さらに戊辰戦争では軍事奉行添役として会津藩の降伏式を仕切った。その後は、切腹に次ぐ終身禁固刑の重刑を受け、幽閉生活を送っていたが、恩赦により、東大予備門、第一高等中学校教師の職を経て五高教授になり、明治二七年まで教壇に立っている。

ハーンは、この白髭を垂らし、古武士の風格のある秋月胤永に「日本の神を見た」と敬愛している。秋月胤永もまた、明治二六年一一月に生まれたハーンの長男、一雄の誕生を祝って、盆梅の鉢、清酒を入れた青竹の酒筒、美しい漢詩を書いた巻物を贈っている。

ハーンは、熱心に授業に取り組んだ。村川堅固（明治二八年卒、熊本県出身、東京帝国大学名誉教授、西洋古代史研究家）の「母校に於ける小泉八雲先生」によると、「先生の授業法は、一種独特なものであった。例えば文法を教えられるにも教科書を用ひらるるでなし、又口述筆記をされるでなし、教場に入られて出欠をつけられる。それからクルリと振り返って、黒板に向ひ、チョークを取って、左の上の隅から文法を書き始められる。生徒は黙々としてそれを寫す。其の書かるるのは些の渋滞なく、時間の終りの鐘のなるまで續く。鐘が鳴ると一礼して退出さるる。かくして寫し来った筆記帳を放課後讀んで見ると、秩序整然、而も日本学生に取って最も適切な文法上の注意が興えられている。先生は一片の原稿もなく、全時間些かの淀みもなく書き続けられ、然もそれが極めて整ったものであったのは驚くべき技倆と思ふ」（『龍南』二〇〇号）。五高十代目校長、十時弥（明治二九年卒、福岡県出身）も、自らの五高生時代を振り返り、昭和十年に開催されたハーン追悼座談会で、「先生は毎時間、紫色の風呂敷に赤い手帳と赤表紙の辞書のような本を二、三冊包んで教室に入ってきた。講義はゆっくり。難しい文句は黒板に書いてくれるし、絵もよく描いていた」と述べているが、このくだりは、筆者自身の取材が三〇年以上前のことであり、記憶をたどりながら、出典先を探したが、どうしても見つけることができなかった。

授業改革も、嘉納治五郎の理解を得て断行した。前任者のイーバル・クラムミーが使用していたテキストは、哲学的なうえ難解と廃止し、英会話重視の授業に切り替えた。また下級生には書き取り（ディクテーション）、上級生には英作文を指導した。授業模様は『東の国から——九州の学生とともに』に紹介されているが、それにしても、ハーンのクラムミーに対する評価は尋常ではない。

「前任者は宣教師だった。して、多くの宣教師と同じく瞞着者でした。生徒が一人も彼によって、作文や会話の訓練を受けていないのに驚き入りました。全く生徒の時間の浪費に過ぎなかったのです。任命の条件上、伝道が出来なかったので、嫌になって辞めたのです」（西田千太郎宛の手紙）

ハーンは、生徒たちから「ヘルン先生」と呼ばれていたが、生徒たちの思い出を探ると、真面目な教師像は伝わってくるものの、生徒と親しく交遊したり、生徒を自宅に招いたり、といったエピソードは余り語り継がれていない。

教え子の一人、白壁傑次郎（明治二七年卒、福岡県出身、五高化学教授）は、長男の一雄が生まれた時に数人連れでお祝いに出かけた。

「古風な煙草盆を提げて出てこられました。そして座蒲団に綺麗に座られ挨拶をして近傍に刀掛けの様な臺に掛けてあったと覚えてますが、幾本かの長い煙管の内の一本を静かに取って来歴の説明を加えて煙草を喫われました」

この思い出文を読むと、白壁ら生徒たちが、ハーンを前に緊張して座っている風景が目に浮かぶ。

博多で見た「近代の予兆」、幻滅の世界へ

ハーンは教壇を離れると、誰にも邪魔されたくなかった。帰宅すると、自宅にこもり、松江時代に取材した作品『知られぬ日本の面影』（全二巻）の原稿作成と校正に追われた。さらに時間があれば、執筆や取材のために時間を費やした。そこには、英語教師として真面目に取り組みながらも、元新聞記者としての情熱を燃やし、欧米向けの出版を通じて文筆家として成功をおさめたいとの野心が見えてくる。

五高時代の旅行を見ると、明治二五年の春休みには、夫人同伴で博多・太宰府へ。さらに夏休みには、再び博多を訪れたあと、神戸－京都－奈良－神戸－境港－美保関（西田氏と再会）－門司－隠岐（三週間滞在）－福山－尾道と回っている。

明治二六年の夏休みは、百貫港を起点に長崎－三角（浦島屋）、翌二七年の春休みは、親子三人で讃岐の金刀比羅神宮へ、また夏休みは、五年ぶりに東京へ出かけ、チェンバレン宅に滞在後、神奈川－大津－（汽船）－下関－門司と駆け巡った。

旅から生まれた作品の一つ『東の国から――博多で』は、福岡市内で寺地所の前に山のように積み上げられている青銅の古鏡を見つけ、その鏡が溶かされ、巨大な仏像になることを知る、という内容である。

「どうも心からうれしいという気持ちになれない。なるほど、さぞ立派な仏像ができることだ

ろうという期待で、芸術感はそれで十分満足できるけれども、それよりもそういう計画によって、当然そこに目の当たりにおこる膨大な破壊作用のことを想うと、せっかくの満足感もかえって傷けられる」

いつの頃だっただろうか、『博多で』に登場する大仏の話を聞いて、福岡市東区にある筥崎宮参拝のあと、近くの時宗寺「称名寺」を訪れた。境内には、本来なら明治四二年に古鏡を溶かして建造された大仏（高さ五・五メートル）が鎮座しているところだが、大仏の像はなく、立派な台座だけが残っていた。

太平洋戦争最中の昭和一九年に「戦時金属供出」のために壊されてしまった。ハーンが見た、あの美しい古鏡は、大砲の弾に変わってしまったのである。井上洋子氏は、ハーンが博多で見たものは「単なる青銅鏡という古美術の破壊ではなく、その先に必然的に起こる限りない破壊、否応なく人々に変化を促していく、近代の予兆そのものだった」と話している。

ところで、五高時代のハーンを追いかけると、日を追って孤独と苦悩を深め、熊本が嫌で嫌でたまらなくなっていく。

「日本では、外人に取って、一つも確実なことはありません。外人として唯一の道は、解雇されるまでに十分金を貯えることです。……熊本は私が初めて思った通りです。日本で最も醜く、最も不快な都会です…（略）…何となくこの大きな学校は、一種の工場のようです」（明治二五年

七月　西田千太郎宛）

「反抗心、外人排斥、伝統の侮り、宗教の軽蔑、それに国民的うぬぼれ――これが現代化が進む割合で強まっている」（明治二六年一月　チェンバレン宛）

「私は一朝忽ちに罷めさせられそうな、また何ともわからぬ理由で、同僚から不思議な憎悪を受けている、一個無力の外人教師に過ぎないのです」（明治二六年二月八日、西田千太郎宛）

「学生の代が変わるごとに前より難しい顔になり、微笑しなくなり、天真爛漫でなくなり無礼になるように思われます。私はあまり彼らを好かない」（明治二六年二月　チェンバレン宛）

「私は三年間、熊本で神経衰弱になる位、不愉快に過ごしました。私の就任以来絶えず私を学校から退かしめようとする手段が講ぜられていたように思はれます。私は不幸にも誰かの道を塞いで、妨害物となっているものと想像されます。日本の官吏間における外人は、全く一個の碁石に過ぎません」（明治二七年七月　西田千太郎宛、いずれも『ラフカディオ・ハーンの日本観』）

ハーンは着任早々から、予想外の寒さや西南戦争（明治一〇年）の後遺症が残る殺風景な町に不満を抱いていたが、こんなにも追い詰められた心境に至ったのは、どうしてだろうか。大学生活を送っていないハーン。「自分の学歴の低さ」にコンプレックスを抱いていたことも推察できる。

太田雄三氏は、著書『ラフカディオハーン――虚像と実像』の中で、ハーンは、チェンバレンら多くのお雇い外国人教師に比べると、一〇年以上も遅く来日した「遅れてやってきたお雇い外国人教師だった」と指摘する。「遅れて来日した」ことが、ハーンを「幻滅した熱狂者」にしてしまったというわけである。ハーンの関心が後年、怪談ものなどの執筆に集中しているのは、「幻滅」と無縁ではないのかも知れない。

ハーンを幻滅の世界に追いやった背景に国内の社会状況も考慮しなければならない。ハーン来日よりずっと前の明治前半は、鹿鳴館文化に象徴されるように欧化主義の時代で、英国などアングロサクソン系のお雇い教師や技術者、顧問などが活躍していた。そして日本は、明治二二年二月一一日には、プロイセン・ドイツ憲法をモデルにした大日本帝国憲法を発布したことを契機に、ドイツへ急速に傾斜していく。

「教育勅語」は、明治二三年一〇月に公布された。明治初期の儒教的な世界観が崩れていくなか、天皇を中心とした国民精神の振興と国民道徳の統一を図る狙いから作られたものであるが、同時に、日本が世界に向かって、国民教育に関する誇りと自負を示す証左でもあった。

もう一つ、ハーンを追い詰めたのは、明治二四年五月一一日に来日したロシア皇太子のニコライ二世を警備中の巡査が刀で切りつけた「大津事件」の発生だった。

この出来事は、不平等条約改正問題にけりをつけ、列強の仲間入りを目指していた日本にとって大変な不祥事で、政府はロシアに対して平謝りをした。一方、国内では条約改正の柱となる

「領事裁判権撤回と外国人の自由な国内移動」（国内雑居問題）をめぐって国論が沸騰し、排外的なナショナリズムが台頭した。

保守的な風土の地、熊本では、佐々友房ら熊本国権党グループが条約改正に反対を唱えたことも手伝って、日本人妻を持つハーンや家族に白い目を向ける市民も増えたことだろう。朝鮮半島の領有権問題をめぐって、清との関係も緊迫し、国力をかけた日清戦争が必至の情勢となった。軍都・熊本は一発触発の危機感からピリピリとしていた。

高等教育の世界にも世間の目が厳しくなった。国家にすぐに役立つ中堅指導者育成の必要性が叫ばれる時代に、多額な国家資金を投入する五高など高等中学校の存置が許されるのか、そんな世論に国会も押されて、エリートのための高等教育の在り方が論議された。

時代の風は、ハーンのように、明治以降の体制を支えてきた近代主義、科学主義、合理主義を否定し、「古き良き日本」にこだわるような、お雇い教師の存在が迷惑な時代に入っていた。

否、ハーンは、それだけでは済まされない深刻な問題を抱えていた。それは、長男一雄の国籍問題、教育問題に加えて、小泉一族の家父長としての安定的な生活を維持し、文筆活動を続ける生活の場「五高教師の職」がいつ解かれるかもしれないという不安に襲われたことである。同僚教師も生徒も政府もみんなが「古き良き日本」を破壊し、自分を遠くへ追いやり、阻害する集団に見えたに違いない。

ハーンは五高に奉職したことで、国の指導理念に直接触れ、その担い手としての役割を担わされたジレンマを抱えてしまった。別の言い方をすれば、ハーンは「古き良き日本」という幻想の世界から放り出され、ありのままの日本を知ることになったのかもしれない。

熊本大学キャンパスには、明治二七年一月二七日にハーンが五高生を前に講演した「極東の将来」の結びの一節を刻んだ記念碑（英文）がある。

「日本の将来を大にする所以は、九州魂、熊本魂を養うことにあり、贅沢、華美を捨てて質素、善良、素朴成るものを愛せよ」――西洋から流れ込む物質文明に惑わされずに日本人の心をいつまでも忘れないでほしいと語りかける文明批評家・ハーンの精神は、今も学生たちに大きな課題を突きつけている。

ハーンは、この演説をした翌月に『グリンプシス』刊行をめぐって出版社と衝突した。『ラフカディオ・ハーン再考』には、ハーンが「大仕事を成しとげたあとの虚脱感からか、みずからの日本礼賛が単なる思い込みにすぎないのではないかという自信喪失に陥った」と書かれている。

辞職を決断したハーンは、九月末に一方的に辞表を提出し、「神戸クロニクル」の論説記者になった。

ハーンは、軍都・熊本で日清戦争に出征していく兵士を見送り、神戸で凱旋して帰ってきた兵士を出迎えることになる。

日清戦争後の作品『戦後』でハーンは、「日本にとっての将来の危機は、まさに途方もなく大きな自信の中にある」と警鐘を鳴らした。その後の日本近代史を辿ると、日本は、ハーンが危惧したように途方もない自信と野望の中で戦争の歴史を繰り返し、第二次世界大戦の敗戦国になった。

ハーンは「神戸クロニクル」を辞めたあと、東京帝国大学文学部講師、早稲田大学講師を歴任する傍ら、『霊の日本』『骨董』『怪談』など多くの作品を発表するが、ジャーナリストとして情熱を傾けた紀行文や評論などの発表は少なくなっている。明治三七年九月二六日、狭心症のため死去した。五四歳だった。

二章　ハンセン病患者救済のリデルと五高――その周辺

「リデル、ライト両女史記念館」（国の登録有形文化財）は、熊本市民に親しまれている立田山山麓にひっそりと建っていた。筆者が訪れたのは、熊本地震（平成二八年四月）から一年三カ月後の暑い夏の日だった。外から眺めると、地震の被害も少ないように見え、ホッとしたのだが、館長の秋山大路氏に案内されて足を踏み入れると、惨憺たる光景が飛び込んできた。

「よく見てください。建物は崩壊こそ免れていますが、破損の傷跡があちこちにあるのがわかるでしょう。全壊といってもよいぐらいです。部屋の中は危ないところがありますから、靴を履いたままで結構ですよ」。玄関の門柱も土台とズレ、壁の一部は崩れていた。

記念館は、英国聖公会宣教師の英国婦人、ハンナ・リデルが明治二八年（一八九五年）一一月に開設したハンセン病医療施設「回春病院」の付属施設である。大正七年に「ハンセン病菌研究所」として建てられた。

左下：明治28年創立、回春病院全景、右上：大正7年設立、ハンセン病菌研究所（現、リデル、ライト両女史記念館。リデル、ライト両女史記念館提供）

回春病院の方は、今日、その役目を終え、敷地内にリデルライト記念老人ホームが設立されているが、研究所を活用した「記念館」は、ハンセン病患者救済に生涯をかけたリデルとその姪ライトの二人の業績を顕彰する舞台になっている。

ハンナ・リデルは、一八五五年（安政二年）一〇月に英国・ロンドンの陸軍武官の一人娘として生まれた。両親が亡くなった後にC・M・C（聖公会伝道会社）の伝道資格を得て、明治二三年二月下旬に宣教師仲間のグレイス・ノット（当時二六歳）と一緒に熊本に派遣されたとされるが、来熊時期は定かではない。猪飼隆明氏（大阪大学大学院教授）の調査・研究によると、来熊時期は、翌年の明治二四年ではないかと見られる。

当時、熊本では、明治二〇年に妹と一緒に来日した英国聖公会宣教師、ジョーン・B・ブランドラムが伝道責任者だった。一八五八年一二月、英国・ハーフォード郡生まれ、ケンブリッジ大学でギリシャ語、ラテン語、数学、神学を学んだあと、C・M・C教員を振り出しに宣教師となり、熊本に赴任していた。

彼がリデルらに求めたことは、英国聖公会の布教活動、とりわけ、九州の最高学府である五高の教師や生徒たちへの布教活動を展開することだった。

熊本が重視されたのは、二つの理由からだ。一つは、熊本が聖公会宣教師のH・モンドレルが明治八年に他の宗派に先駆けて布教活動に成功した聖公会宣教ゆかりの地であり、他のキリスト教派に負けるわけにいかなかったこと。

ブランドラム（リデル、ライト両女史記念館提供）

もう一つは、海老名弾正、金森通倫、横井時雄ら熊本洋学校（明治四年設立）の三五人の生徒たちが花岡山で奉教を誓った「熊本バンド」結成の地であることだ。熊本は、保守的な政治風土の地で知られるが、革新的な土壌もある。「熊本バンド」は、横浜バンド、札幌バンドと並んで、日本三大プロテスタント潮流の一つである。

ブランドラムは、五高校舎が建てられるときに、その礎石に手を置いて「この学校に学ぶ者の中から、日本の精神界に貢献する人物を育て給え」と熱禱を捧げた。（『花陵会百年史』）

リデルやノットも、五高の教師と親交を交わし、生徒たちに英会話の指導をしながら、聖書を手に福音活動に励んだ。彼女らの英語指導の様子について、日本国史学界の大御所、黒板勝美（明治二六年卒、長崎県出身、東京大学名誉教授）は、次のように記した。

「（ラフカディオハーンの）ほかにリッデルという教師が居ったが、それは宣教師であったが、それとは交際がなかった。僕等は基督教を研究しやうというのではなく、イングリッシュを一週間に二回稽古に行ったが其報酬として日曜日にバイブルを聴きに行った。本田増次郎君がその人の翻訳をして居ったが、時々僕等にやらせられて下手な翻訳をしたことがある」（『帝国文学小泉八雲記念号』「熊本時代のヘルン氏」）

本田増次郎君（当初の名前は大倉増次郎）というのは、クリスチャンの五高英語教師のことである。明治二四年九月に、嘉納治五郎（三代目校長）に招かれ、三カ月後に教授となり、二六年四月まで在職した。彼は、生まれ故郷の岡山から東京に遊学中に「柔道をやれば授業料が只になる」と聞いて、嘉納治五郎の私塾「弘文館」に入学し、そこで教師を務めていた。キリスト教徒になったのは、教師時代に個人的に英語を習った女性宣教師の影響だった。

五高では、ブランドラムやリデルらの学内での伝道活動を許可していなかったが、彼らの献身的な英会話指導を評価し、嘉納治五郎をはじめ、英語主任教授の佐久間信恭、本田増次郎らが勉強会に協力した、といわれている。佐久間は、札幌農学校で美濃部稲造や内村鑑三らとともにクラーク博士の指導を受けた人物だった。

「回春病院」を支援した英語教師・本田増次郎

『ユーカリの実るを待ちて』によると、リデルは、明治二三年四月三日、本田増次郎と一緒に花見のために熊本城の北西、中尾山中腹に位置する日蓮宗六条門流の名刹「本妙寺」を訪れた。この寺は熊本城主だった加藤清正の菩提寺であるが、当時は熊本の一大歓楽地で、多くの花見客で賑わっていた。そこでリデルは、本妙寺の桜並木の参道にうずくまって喜捨を乞うハンセン病患者たちの悲惨な姿を見てしまう。

衝撃的な出会いだった。リデルは、この日の出来事を聖書代わりに愛読していた書籍「日々の光」の欄外に鉛筆で「この日初めてらい患者を見る」と書き込む。以来リデルは、宣教師活動よりも、ハンセン病患者たちの救済に力を入れた。

ここで一言触れておきたいことがある。リデルが述べた「本田増次郎教授と花見に出かけた」というのは、リデルの勘違いではないかとの指摘である。本田増次郎が五高に赴任したのは「明治二四年九月」であり、リデルが本妙寺を訪れたとされる「明治二三年四月」に、本田は熊本に赴任していない、だからリデルと本田が一緒に本妙寺を訪れることはありえない、というのが根拠である。

猪飼氏は、リデルが明治二四年一二月に行なった年次報告を踏まえ「ハンナとグレイスは、他の宣教師たちとともに一月一六日に神戸港につき、プール女学校に二ヵ月あまり滞在の後、三月末に熊本に入り、来熊早々の四月三日に本妙寺に桜見に来て、ハンセン病患者の群れを見たのである。その時、本田増次郎教授は同行していない」(『ハンナ・リデルと回春病院』)と記している。猪飼氏の説は、熊本で伝えられている「リデルの思い出」の記述時期と違うが、説得力ある論点として注目されている。

来熊時期はともあれ、リデルは私立大日本婦人衛生会例会(明治三五年一二月六日)で熱弁を振るった。

「道路の両側には三、四町も続いて桜の花が今を盛りと咲いて居る。その青き空、麗しき花の下には何物があるかと見ますれば、それは此上もない悲惨な光景で、男、女、子供のライ病人が幾十人となく道路の両側に蹲まって居まして、或は眼のなき、鼻の落ちたる、或は手あれど指はなく、足あれども指が落ちて居ると申すような次第で…(略)…進んで寺に登ります処には、沢山の石段がございますが、此処にも同じく石段の両側に一段に一人ずつと申すほど大勢のライ病人があわれみを乞い仏を祈っていまして……」

リデルは本妙寺を訪れたあと、救済のための病院建設に取り組んだ。まず応急的な施設である臨時救護所を本妙寺近くの牧崎地区に作り、医師や看護人を派遣する一方、母国の友人、知人、さらには支援者に募金や基金を求めて駆け回った。この活動に対して、伝道活動の責任者、ブランドラムは病院設立の意義こそ認めたものの、布教という本来の意義が損なわれるのは困るとの立場から、リデルと対立した。リデルの親戚や知人たちの多くも「無謀だ、不可能だ」との声をあげた。英国の聖公会本部も病院設立に消極的だったが、最後には、私財を投じて患者救済に情熱を燃やすリデルを支援している。

回春病院は、明治二八年に立田山山麓に産声をあげた。敷地は四〇〇〇坪（のちに七〇〇〇坪に拡張）。第一期計画で落成した建物は、診察室、薬局、事務室、礼拝室が入った一棟のほか、男子病棟、女子病棟、伝染病室、重症病室、看護室、炊事場、患者浴場、洗濯場、物置などを揃えた計六棟（建坪計一三八坪）である。

入院患者数は、当初三八人。学校教師や官吏、伝道者、農民、軍人、商店主などの仕事をしており、多くの患者が発病後に財産を失ったり、親や兄弟、友人に見放されていたという。また、患者の中には、五歳から七歳の女児や一四歳と一二歳の姉妹も含まれていた。

病院名は本田増次郎の助言で名付けられたもので、「暗黒の人生に再び希望の春が回ってくるように」との願いが込められていた。

本田は五高辞職後、高等師範学校、東京外国語学校、立教女学校、女子英学塾、早稲田で教壇

に立ち、その後、ニューヨークで日本政府の広報誌「オリエンタル・エコノミック・レビュー」の発刊に携わった。リデルの理解者として、生涯にわたって病院建設や運営に協力している。

「黙殺」の側に立っていたハーンと夏目漱石

ハンセン病患者に対する偏見や差別は、令和元年七月に政府は隔離政策による家族への差別を認め安倍首相が謝罪したとはいえ、今日も、日本国内で問題化される状況にある。当時の日本の衛生学に対する知識の乏しさ、理解力、文化水準、さらには社会福祉事業に対する国民の目線を考慮すると、一伝道者だったリデルの挑戦、そしてリデルを支えたグレイス・ノットらの献身的な奉仕活動が、いかに大きな困難の中にあったかが理解できよう。リデルや姪のエダ・ライト、そしてグレイス・ノットらの献身的な活動は、ハンセン病患者たちにとって、闇のなかにかざされた一灯だった。

左からハンナ・リデルと姪のエダ・ライト
（リデル、ライト両女史記念館提供）

三人は、回春病院の設立や運営をめぐって、英国聖公会としばしば対立し、窮地に立たされた。一時帰国したリデルが宣教師職の辞表を出したため、熊本への帰還が困難になっていた時には、グレイス・ノットがリデルに代わって聖書クラスを開いて、患者たちの心の支えになった。彼女は、リデルと同様、五高生に英会話の指導をしている。

熊本では、回春病院の設立から二年後の明治三一年一〇月に、フランス人神父、ジャン・マリ・コールの要請により、フランシスコ修道会が五人の修道女を派遣し、ハンセン病施療所「待労院」（熊本市花園村中尾丸）を設立した。熊本に九州七県連合九州ライ療養所（のちの国立療養所菊池恵楓園）が設立されたのは、遅れること明治四二年である。

2016年の熊本地震で大被害を受けた本妙寺の石段

「リデル、ライト両女史記念館」を訪ねてから半年後、本妙寺を訪ねた。国の有形文化財に登録されている巨大な仁王門をくぐると、長い参道が続く。右手に見えてきた大本堂の境内には、三月中頃を過ぎたばかりなのに桜が咲いていた。ここから先は、胸突雁木と呼ばれる急勾配の石段が一七六段あり、その真ん中には多数の石灯篭がずらりと連なっているのだが、熊本地震後は、風景が一変した。

参詣者の目を引いていた石造りの常夜灯は大きく傾き、信者の寄進で建てられた無数の石灯篭も崩れていた。かつて、この場所でハンセン病患者たちが加藤清正に救いを求め、物乞いをしていたと思うと、感慨深いものがあった。

本妙寺には、五高教師、ラフカディオ・ハーンも夏目漱石も訪れている。ジャーナリストとして来日したハーンが、どんな思いでハンセン病患者たちを見たのか気になるところである。元熊本大学教授、西成彦氏（立命館大学教授）の著書『ラフカディオ・ハーンの耳』によると、ハーンは、熊本に着任早々『ジャパン・メイル』誌宛に、本妙寺見物の印象記を書き送った。

「参道の終点に到るずっと手前から、けだるい轟くような持続音が聴こえてくる。まるで潮騒のような音だ。何かと言えば、南無妙法蓮華経のお題目を唱える声なのである。…（略）…耳を聾するばかりのお題目の声、人いきれ、守り札を売る声、喜捨を乞うための特訓を受けたのだとおぼしい子どもの群れ、大地に額づく信心深い巡礼者たち、好奇心は旺盛なくせに、所詮、参詣の意志を伴わない物見遊山でしかなく、ローソク売りの声など胡散、実に異様だ」

さらにハーンは、友人のメイソン宛にも「ここでは（本妙寺のこと）ほとんど毎日のように見るも痛ましい光景が演じられているというのは、どうだろうか。たくさんの狐憑きが加藤清正の助けを求めにやって来るのだ。その目もあてられない光景を、ぼくは二度と見たくない」と書簡を送った。

ハンセン病については、日本、いや熊本でも、ノルウェーの医師ハンセンによって、一八七三年（明治六年）に伝染病であることがわかっていたが、実態は、衛生学的な知識も広がらないまま、業病として忌み嫌われていた。リデルが医学的知識を持って宣教師活動をしていたことを考え合わせると、当時の日本がいかに偏見に満ちた社会であったかを考えさせられる。

リデルと同じ英国人だったハーンは、九州の最高学府である五高のお雇い教師である。当然のことながら、リデル同様の知識をもっていたに違いないが、ハンセン病患者に寄せる目は「たくさんの狐憑き」の集団に写った。リデルの肩書が、ハーンが嫌っていた宣教師だったことを差し引いても、米国で新聞記者をしていたハーンが、近代的な衛生学の識見を持っていたことは間違いないだろう。それにしても、リデルとハーンの対応は余りに違う。

西氏は同著の中で「ハーンが本妙寺の周辺に蝟集する無縁の衆を『狐憑き』のひとことで片づけてしまったのは、それはジャーナリストにあるまじき不覚でなかったとすれば、故意の言い落としと考える以外にない」と指摘したうえ、ハーンは「患者たちを黙殺した」と断言している。

おそらくそうだろう。

ハーンのあとに五高教壇に立った文豪、漱石こと夏目金之助の場合はどうだったのだろうか。本妙寺は小説『草枕』の舞台——小天温泉に向かう折に必ず通る山路沿いにある。熊本時代に漱石もまた、ハンセン病患者に出会っている。が、漱石がリデルの活動やハンセン病患者に対して、博愛主義や衛生学的識見から関心を示したような著作は見当たらない。強いてあげれば、ハンセン病患者に係わる姿勢を探る二つの資料がある。

一つは、本妙寺を訪れた折に俳句「永き日を太鼓打つ手のゆるむ也」を作っていることだ。が、これはハンセン病患者に想いを馳せながらの句ではない。ハーンと同じように、漱石も本妙寺に出かけながら、俳句という文学の世界の中に埋没して、患者たちの悲哀に見て見ぬふりをしたのだろうか。

もう一つ気になるのは、『漱石全集』第二一巻に掲載されている文節（文芸ノPsychologyの項）である。そこには「熊本本妙寺に行きて返る者は醜々といふ、嘗て可哀相なりと云ひしを聞かず彼等は皆道徳問題となさずして美醜問題と為すなり」とある。

この文節を素直に読めば、ハンセン病患者がうずくまっている状況を道徳的な立場から、何とかすべきと漱石が提起しているように思えるが、このことも近代科学の識見に立って、ハンセン病患者救済に対処したリデルと比べると、知識人の対応ではないだろう。

漱石が五高を詠んだ俳句に「いかめしき門を這入れば蕎麦の花」という句がある。国家官吏の立場から近代国家が抱えるテーマに真面目に取り組んでいる語学教師、漱石の姿が垣間見れる句であるが、国家官吏の枠から抜け出ることのできない、漱石のジレンマや限界も見えてくるようだ。

ハンセン病対応については、現代の目線で一方的に当時の状況を批判することは出来ないが、ハーンが患者を黙殺したように、漱石もまた、患者たちが差別と偏見に追い込まれていた時代に「黙殺」の側に立っていたことは、指摘せざるをえない。

三章　教育勅語体制下のドイツ人教師「不敬事件」

アジアの大国・清との国力をかけた戦争に勝った日本は「大日本帝国憲法」の下、国民教育の柱に「教育勅語」を据え、官僚体制を強化しながら、近代国家づくりを急ピッチで進めた。

こうした日本に大きな影響を及ぼしたのがドイツである。その分野は行政、教育、警察、軍事、医学、化学、建築、哲学など多岐にわたった。しばしば、当時の日本を評して「脱亜入欧」の四文字が使われているが、厳密にいえば、憲法発布後の日本は「脱亜入独の時代」といってもよい。日本の近代化は、まさにドイツのおかげで形成された。

高等教育の世界では、日清戦争開戦を目前に控えた明治二七年（一八九四年）六月に「高等学校令」が公布され、ドイツ語授業に大きなウエイトが置かれるようになった。なかでも五高四代目校長、中川元（在職、明治二六年一月～三三年四月）は、就任以来、医学部、工学部を併置したナンバースクールの学校長として、全国に存在感を高めることと、ドイツ語教育の体制充実に力を注いだ。

実際のところ、教授陣を見ると、藤代禎輔（京都帝国大学独文科初代教授）とともに東京帝国大学独文科教授カール・フローレンツの最初の弟子である菅虎雄（在職、明治二八年八月～三一年八月、一高教授）、二番弟子の上田整次（在職、明治三〇年九月～三三年八月、東京帝国大学教授）、後輩の青木昌吉（在職、明治三一年八月～三四年八月、東京帝国大学教授）、小島伊左美（在職、明治三一年八月～昭和一九年三月、五高初代名誉教授）ら、フローレンツ門下のドイツ語学者が続々と教壇に立っている。

上村直己熊本大学名誉教授によると、近代日本のドイツ語教員は、菅虎雄に代表される東京帝国大学独文科出身グループと東京外国語学校出身グループに大別されるという。その点、五高ドイツ語学科は東京帝国大学独文科出身者が大勢を占めており、「赤門」出身者にとっての登竜門となっている。

上田の場合を見ると、明治三三年に東京帝国大学に戻り、ドイツ留学後の大正五年に、フローレンツの後任教授として東京帝国大学初のドイツ語学、ドイツ文学の日本人教授（ヨーロッパの劇場史研究者）に就任した。青木もまた、東京帝国大学教授を務め、日本ゲーテ協会会長として大きな足跡を残した。『邦語独逸文典』『実用独逸文典』など多数の著書を出版し、ドイツ語普及にも力を注いだ。

そんな五高のドイツ語学科にドイツ人教師が初めて誕生したのは、明治二九年九月である。アルベルト・ボルヤーン。明治三一年七月まで二年間、ドイツ語とラテン語を教えた。月給は一五〇円。その後、契約を一年延ばし、二〇〇円に昇給した。学校側が当時、ドイツ人教師の確保にいかに熱心だったかを示している。

シュチェンの近郊（第二次世界大戦後はポーランド領）生まれ。一二歳までにラテン語、英語、フランス語を習得、教師を目指してマッサウで学んだあと、シュチェンのベールリッツ学校（教育館）で三年間の教師生活を送った。実兄は一高教師をしていたヨハネス・ボルヤーンである。

壁に寄りかかり、拝賀を拒否したエルドマンスデェルフェル

二代目のドイツ人教師は、エルンスト・エルドマンスデェルフェル。東京帝国大学法科大学教授、ルートヴィヒ・レーンホルム（ドイツ法担当）の紹介によって、明治三一年一二月に熊本にやってきた。契約期間は明治三三年七月まで。月俸は、ボルヤーンよりも五〇円アップの二五〇円だった。

エルドマンスデェルフェルは、一八七〇年一月にドイツ東部のニーダーラウジッツ（現在はポーランド領）のルツカウに生まれ、芸術・文化の町で知られるエルベ川の谷間に位置するドレスデンの私立学校ベーメンで学んでいる。その後、両親のベルリン移住に伴って、ベルリンの王都実科高等学校に学び、卒業後はベルリン、ハイデルベルグ、ハレの各大学で言語学などの研究

生活に入り、ハレ大学から哲学博士の称号も得た。

学歴がボルヤーンよりも高かったため、五高側の期待も大きかった。鹿子木敏範（熊本大学教授）によると、専門は「コマン言語学の分野であって、とくに古代プロヴァンス語とスペイン語には力を入れて研究し、学位論文もトルバドゥールの押韻に関するもの」であった。高校の語学教師には充分過ぎるほどのレベルの高い言語学者だった、と言えそうだ。

ところが、この期待の先生によって、五高は創立以来の大騒動に巻き込まれてしまう。一体、何が起きたのだろうか。

明治三二年二月一一日、雨天体操場では、例年通り、紀元節拝賀式が厳粛に行われた。式は、明治天皇の写真「御真影」に向かって中川校長を筆頭に教職員が拝礼したあと、教育勅語の奉読、その後、生徒が拝礼する段取りである。

スイス人の英語教師ヘンリー・ファーデル（在籍、明治二七年一二月〜三六年七月）と共に列席したエルドマンスデェルフェルに順番が回った時、教職員や生徒たちが一瞬、息をのみ、わが目を疑った。拝礼に立ったものの二、三歩後ずさりし、壁に寄りかかって拝賀を拒否したのである。教職員や生徒たちの目の前で、思いもかけない「不敬事件」が発生した。

不敬事件といえば、明治二四年一月七日に当時の第一高等中学校嘱託教員、内村鑑三がキリスト教信仰の立場から、教育勅語の奉戴式の際に低頭しなかったため、国家主義者の生徒たちから非難を浴びて、教壇を追われた事件を思い出す人も多いだろう。

中川校長は、森有礼の秘書官をした経験から、エルドマンスデェルフェルの事件に素早く対応している。「儀式の慣行を知らなかった。初めての光景に接し、不慣れのために惑乱し、ますます気分が悪化して拝礼の時期を失する結果となった。このような次第につき小生の行動をご容赦願い上げます」との謝罪文を提出させると、翌々日に拝礼やり直しの機会を作り、文部省の柏田事務次官に、次のような報告書を提出した。

「職員拝式の節、エルトマンスデルファー氏は自分の順次に到るも進んで拝賀をなすの模様なく茫然躊躇の様子に相見えたり　依って職員中式場を掌る者注意を与えしところ病気なりとて退場せり　是より先敬礼を為すべきことは一応ドイツ語教員より注意せしめりたり。この後に陳謝文を提出させ、不都合をただすために、申し出により、十三日午前九時三十分、中川校長、桜井教授、上田教授、ファーデル氏列席のうえ、御真影を拝ませた。真に敬意を表し、謹慎している様子だ……」(二月一四日付)

こうした報告書を見ると、エルドマンスデェルフェルがキリスト教徒だったとはいえ、宗教的な理由から拝礼しなかったわけでも、国体に背を向けたわけでもない。だが、地元の日刊紙「九州日日新聞」は、国権主義の生徒たちの怒号に呼応するように、翌々日の一三日に「高等学校の不敬事件」として糾弾の狼煙を上げた。

「退出するように伝えられると、エルドマンは腕を張って闊歩し終に場外に出で去りたり…（略）…聖影に対し奉りて不敬を演じ、兼ねて拝賀式に臨める職員学生を蔑視せるものはその罪断じて問うべし……」

学校側は驚いた。中川校長は早速、武藤虎太、黒本植教授を新聞社に派遣し、穏便に収拾を目指すが、新聞社側は、五高は「国家の花」であり、地方における最高の教育機関である、その学校で不敬事件が発生したことは見過ごすわけにはいかない、と突っぱねた。

五高当局が地方の一新聞社に対して神経をとがらせた背景には、国権主義者、国家主義者が政界を牛耳っていた熊本特有の保守的な政治風土がある。「九州日日新聞」は、中央政界に大きな影響力を持っていた熊本国権党の政党機関紙だった。しかも初代会長（総理）は、中川校長が秘書官として仕えた森有礼が信頼した古庄嘉門である。古庄は一高校長を務めたあと、盟友の佐々友房と一緒に第一回衆議院選に当選し、山縣有朋が推し進めた国家主義、国権主義路線を教育の分野で下支えをしていた。中川校長としても、こうした人脈につながる新聞社の意向を無視することは出来なかった。

山懸有朋、中川校長に異例の譴責処分

事件は東京でも問題になる。中川校長は文部大臣に上京を命じられ、二月二五日に柳田次官を訪問、さらに夜一一時に樺山資紀文部大臣から「高田の自邸に於いて明朝一〇時に面会」との連絡を受けて、大臣への釈明に出かけた。結果的には、大臣との面談は、学校当局にとって安堵で

きる雰囲気だったようだ。中川校長は桜井房記（五代目校長、当時は工学部主事）宛に「ミコミノトウリアンシンセヨ　アトテガミ」と電報を打つとともに、日記に「大臣に面会して彼事件を詳細に語れり、大に安堵して種種教育上の談話をなせり」と書き残している。

当時、英語科主任教授を務めていた夏目漱石も、事件の顛末を気にかけ、三月一〇日に帝大時代からの友人、狩野亨吉宛に「外人事件、喧嘩事件と迄大事に至らず小波乱にて結末を見候学校の為何よりの事と存候」（『漱石研究年表』）と安堵の手紙を送っている。

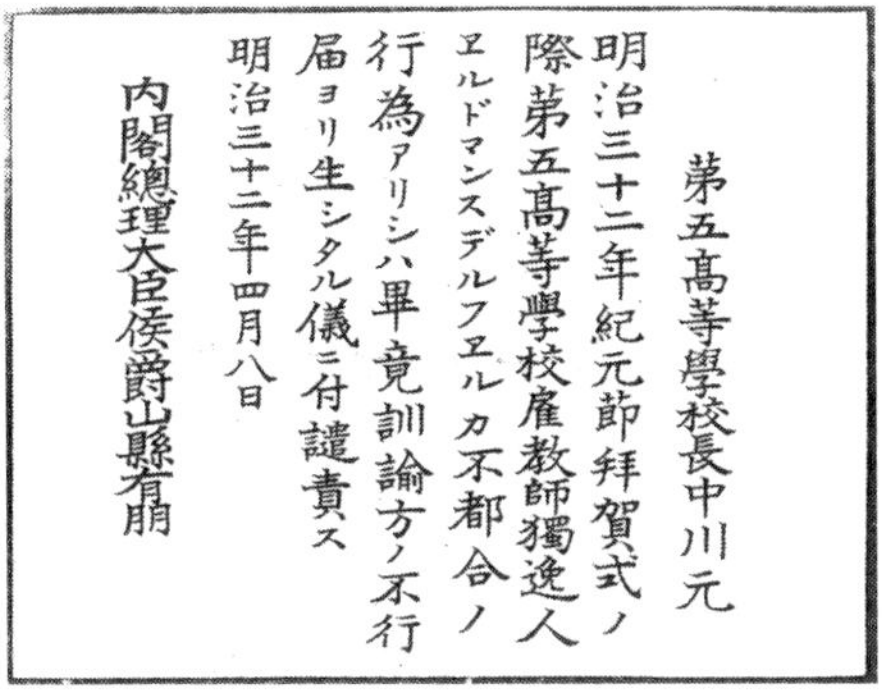
第五高等學校長中川元
明治三十二年紀元節拜賀式ノ際第五高等學校雇教師獨逸人エルドマンスデルフエルカ不都合ノ行為アリシハ畢竟訓諭方ノ不行届ヨリ生シタル儀ニ付譴責ス
明治三十二年四月八日
内閣總理大臣侯爵山縣有朋

山縣有朋の譴責処分通知（提供：故鹿子木敏範氏）

狩野亨吉は、中川校長の補佐役を自認していた漱石が、五高教頭兼倫理学教授に招いた人物で、当時、五高から一高の五代目校長に就任していた。

が、事件は、そう簡単に解決する問題ではなかった。山懸有朋が学校管理者である中川校長の責任を追及し、事件発生から二カ月後に異例の譴責処分を下したのだ。

「第五高等学校長中川元　明治三十二年紀元節拝賀式ノ際第五高等学校雇教師独逸人エルドマンスデルフエルカ不都合ノ行為アリシハ畢竟訓諭方ノ不行届ヨリ生シタル儀ニ付譴責ス　明治三十二年四月八日　内閣総理大臣侯爵山懸有朋」

政府側の姿勢は、ドイツ語教育を引き受けるドイツ人教師の役割を重視し、彼の不敬行為は不問とするが、かといって、事件の処分をあいまいにして、訓諭すべき立場にある校長の責任をおざなりにするわけにはいかない、というものだ。そこには、天皇中心の国家主義路線「教育勅語体制」にヒビが入ることは絶対に許さないという、山懸有朋の断固たる決意が見えてくる。

政府は、民党（野党）勢力の弾圧に力を入れていた。文相、芳川顕正は、教育勅語発布後の翌年に内村鑑三事件が起きると、ドイツ留学から帰国したばかりの井上哲次郎文学博士（帝国大学教授）に執筆を要請、明治二四年九月に修身教科書の手引きとなる「勅語衍義」を出版した。

井上博士はまた、明治二六年一月から二月にかけて、雑誌『教育時論』に「教育と宗教の衝突」という論文を掲載するなど、国家主義者、国権主義者の立場からキリスト教教義やキリスト教徒を批判して、天皇制教育の推進役を果たした。「キリスト教は、非国家主義であり、忠孝の二徳を説いていない。しかも無差別の博愛主義であり、日本国民が持つべき国家的な思想と相背馳し、国体を損傷するものである」というのである。

各地で発生したキリスト教徒がらみの事案も次々と糾弾した。熊本では、八代南部高等小学校生による「ご真影事件」や熊本英学校教員奥村貞次郎の「眼中無国家事件」などがやり玉に上がっている。

「ご真影事件」というのは、「扇子事件」とも呼ばれたもので、概要は、大雨の日にキリスト教徒の生徒が幔幕に覆われたご真影安置の場所に雀が飛び込んだために手を鳴らして追い出したことが、新聞の報道によって生徒が扇子で何度もご真影を打ち叩いたことになった事案である。

「眼中無国家事件」は、教育勅語体制の徹底を目指していた政府側が、キリスト教徒たちが支援側に回っている民党の拡大阻止を狙って総選挙前に仕掛けた選挙干渉事案である。

熊本洋学校、そして熊本バンドの流れを汲む熊本英学校では、明治二五年一月、新校長就任式で奥村貞次郎が教員総代として挨拶に立った。この挨拶の中で奥村が「本校の教育方針は、日本主義にあらず、アジア主義にあらず、また欧米主義にあらず、すなはち世界の人物を作る博愛世界主義なり故に我々の眼中に国家なく外人なし……」と述べたことから「九州日日新聞」が「非国家主義的言辞を吐露し、教育勅語の理念を否定した」として糾弾の狼煙を上げた。これには、当時の熊本県知事も呼応し、学校側に奥村の解雇を命じた。

学校側は演説の中身について「教育方針である博愛主義に触れたものであり、不敬に当たるものではない」と反論するが、知事は受け入れない。当時の文相大木喬任も「博愛主義を話すなら同時に日本の国体に触れるべきである。教員としては不適切である」と知事の処分を容認した。この結果、同校は明治二九年に廃校に追い込まれてしまう。

政府側の弾圧工作に利用されるメディア

こうした不敬事件の幾つかを拾うと、文部当局が井上博士の「キリスト教は日本の国体に合わない」との主張を巧みに利用しながら、教育勅語体制を強力に推し進めていく構図がわかる。

明治33年5月の教授陣と生徒（写真集『五高100年　龍南の青春賦』より）

五高で外国人不敬事件が発生した「明治三三年」は、安部磯雄、片山潜らの社会主義研究や幸徳秋水らの選挙法改正への運動が高まったほか、日英通商航海条約など条約改正の施行に伴って、在日欧米人が国内を自由に居住し、商売ができるようになった年である。

こうしたなか、政府は、治安対策を一段と厳しくし、「私立学校令」（八月）を公布し、キリスト教教育を実施する私立学校も、官立、公立学校と同様に、宗教上の儀式や教育ができないように圧力を加えた。勅語体制の維持、強化を図る狙いだった。

もう一つ、注目されることは、「不敬事件」といわれる事案が、国家主義者や国権主義者の影響力を発揮する新聞というマスコミによって社会問題に発展し、メディア側が政府側の弾圧工作に巧みに利用されていることである。

教育学者、佐藤八寿子氏は、論文「明治期ミッションスクールと不敬事件」（『京都大学大学院教育学研究科紀要』第四八号）で「キリスト者による不敬事件に当事者の意図に基づく不敬行為を見出すことは出来ない。新聞等の糾弾は『国体に不適合である』との前提に為されたが、ほとんどが、法律的な犯罪ではなく、メディア（新聞、雑誌）によって構成された社会的なスキャンダルである」と指摘している。

国内では、明治三〇年代にかけて、「不敬事件」と称するものが各地で発生したが、いずれの事件も不敬罪が適用される法律的犯罪ではなかった、というわけだ。

五高の外国人教師不敬事件も、熊本独特の政治風土の中で新聞社が論陣を張り、権力側とメディア側が一体となって社会的なスキャンダルに仕立てた「不敬事件」だった。

五高では、内村事件が発生した一高から転入していた湯浅孫三郎（簾孫、明治三三年卒、岡山県出身）が『龍南会雑誌』に「不敬事件と礼法の制定」と題する論文（明治三一年一一月二五日付）を発表している。

趣旨は「不敬事件は礼法を制定しないための過ちである。頑迷な愛国論はひいきの引き倒しになる。制令こそ急務である」というものだった。ドイツ人教師の行為よりも、式場で野次を飛ばし、不敬事件と騒ぐ生徒たちの態度にこそ、憂慮すべき問題があると考えていたに違いない。

湯浅は、当時、夏目漱石宅の書生をしていた。学校当局も漱石も湯浅の主張と同意見だったのではなかろうか。

四章　漱石と外国人教師たち

漱石こと夏目金之助が英国留学中に記した日記や手紙には、ヘンリー・L・ファーデル（スイス人）、ジョーン・B・ブランドラム（英国人）、ウィリアム・L・スウィート（同）といった同僚の外国人英語教師やハンナ・リデルと一緒にハンセン病患者救済に力を尽くした英国聖公会宣教師グレイス・ノットの母親、メアリー・ハリエット・ノット（ミセス・ノット）の名前が登場してくる。四人との出会いを追いかけ、漱石の留学生活の一コマを拾ってみよう。

本論に入る前に漱石の五高時代のプロフィールを簡単に紹介すると……。漱石は、明治二九年（一八九六年）四月に愛媛県立尋常中学校から赴任し、三六年三月までの七年間、五高の英語担当教師を務めた。熊本生活は、英国留学のために上京する三三年七月中旬までの四年三カ月である。この間、漱石は、友人の正岡子規や同僚教師に「やりたきは文学」と志向しながらも、国家官吏（高等官五等）としての責任を背負って、厳格かつ真面目に生徒たちの指導に当たった。

第七回開校記念式典（明治三〇年一〇月一〇日）では、教員総代として格調高く祝辞を述べた。「夫れ教育は建国の基礎にして子弟の和塾は育英の大本たり」。この一節は、熊本大学内に建造された漱石記念碑に刻まれている。

漱石は、英語科主任教授の立場から教員人事に深くかかわり、中川元第四代校長を補佐して英語科教師体制の充実に力を注ぐなど、教育行政家としての手腕を発揮した。留学内定後、教頭心得（四月二四日付）に昇格するが、この人事は、二高校長の転任が決まった中川校長の「置き土産」だったのだろう。中川校長の後任には、漱石と共に謡曲をうなっていた桜井房記教頭が五代目校長に就任した。

漱石が「英語研究ノ為メ満二年間英国へ留学ヲ命ズ」という辞令を受け取ったのは、明治三三年六月一七日である。当時の心境を『文学論』序に「当時、余は特に洋行の希望を抱かず、且つ他に余よりも適当なる人あるべきを信じたれば、一応其旨を時の校長及び教頭に申し出でたり。校長及び教頭は云ふ、他に適当の人あるや否やは足下の議論すべき所にあらず……」と記した。

この文面は、漱石が留学を喜んでいないように見えるが、一方で山口高等学校校長に転出した松本源太郎宛の同日付手紙をみると「本日校長より辞令拝受の運びに至候。菲才浅学の身にて誤って選にあたり候事、全く校長始め先生の御尽力と深く感謝致候。猶来月中旬一先家族とりまとめ東上の上、九月頃西征の途に上り候心算に御座候」と綴っている。

漱石は、文部省に命じられた留学目的が「英文学研究」でなかったため、「何となく英文学に欺かれたるが如き不安の念」（江藤淳『漱石とその時代』）に襲われたかもしれぬ。かといって、英国留学を拒む理由にはならない。むしろ、これで熊本から脱出できると心を弾ませたに違いない。

夏目漱石

漱石は、高等学校の少壮教授から選ばれた文部省の第一回給費留学生である。留学手当ては年額一八〇〇円。家族に支給される留守手当は年額三〇〇円（月額二五円）。

漱石は、この支給額に困惑したのかもしれない。妻、鏡子は妊娠しており、一家には貯えがない。加えて、国の官吏である漱石は、給与から建艦費として、給与の一割に当たる二円五〇銭が差し引かれ、留守を預かる鏡子の手元に残るのは、所得税を勘案すると、月額二二円二五銭にすぎない。

女中を雇い、家計をやりくりする鏡子にとっては、漱石の書物代の支払いに追われることはなくなったとはいえ、心細い限りである。しかも、一家の頼みである鏡子の父、中根重一は、相場でしくじり、家計を支援する状況になかった。漱石が当時、どこまで漱石一家の家計状況を知っていたかはわからないが、英国留学の前途に「不安と不満」が待ち構えていたことだけは確かでである。

漱石がドイツ船籍プロイセン号で横浜港を発ったのは、明治三三年九月八日午前八時。埠頭には、鏡子、中根重一のほか、五高で漱石に俳句の指導を受けた寺田寅彦（明治三一年卒、高知県出身）が見送りに来ていた。寺田は『吾輩は猫である』の登場人物、寒月君のモデルと知られる、あの物理学者だ。

漱石と一緒にヨーロッパへ向かう留学生仲間は、藤代禎輔、芳賀矢一（いずれも帝国大学文学科出身）の二人。本来なら、三人に加え、二高教授、高山林次郎（樗牛）が同行するはずだったが、高山は胸部疾患にかかり、留学を断念した。

プロイセン号は、神戸を経て、九月一一日に長崎港に寄港、そして呉松、福州、九龍、シンガポール、ペナン、コロンボ、アデン、スエズ、ナポリと航行のあと、ジェノバ港に入港した。その後、一行はパリまで列車で行き、そこから各自、留学先に向かった。漱石は一〇月二八日に海路を経て、汽車でロンドン・ヴィクトリア駅に到着、英国留学生活のスタートを切った。

相談相手はスイス人教師のファーデル

留学前に漱石の相談相手になったのは、不敬事件を起こしたドイツ人教師、エルドマンスデュルフェルの世話に奔走したスイス人教師ヘンリー・L・ファーデルである。

ファーデルはフランスとの国境に近いヌーシャーテル湖近くの町に生まれ、ローザンヌ大学を

ヘンリー・ファーデル
（熊本大学五高記念館提供）

卒業した文学士だった。来日時期は不明であるが、明治二〇年に英国のヴィクトリア女王在位五十年を記念して、横浜に創設された外国人子弟のための学校「ヴィクトリア・パブリックスクール」の教師になり、初代校長ヒントンの補佐役を務めている。五高には、明治二七年一二月にラフカディオ・ハーンの紹介で着任し、三六年七月までの九年間、英語、フランス語、ラテン語を教えた。俸給は年額三〇〇〇円。

五高で講演会を開いた折は、日本の漢字は難しく、思想の伝達に障害があるとして、ローマ字採用を提案したといわれている。親切な人柄だったようで、留学先の大学を決めていなかった漱石に対して、熊本に滞在中のメアリー・ハリエット・ノットの母親、ミセス・ノットを訪ねて、相談相手にするようにと紹介している。

漱石は綴った。

「『兎に角、行って彼女に会うがよい』と我が古き同僚のF君（ファーデルのこと）がいった。『彼女こそ申し分のない真の女性だ』と。こうして余は彼女に会ったのだが、なる程F君の言に偽りはなかった。数日後、彼女が滞在していた自分の娘の家がある熊本を、余は後にした」

このくだりは、文学評論家、江藤淳が著書『漱石とその時代』に引用している漱石の『断片四B』(英文)の一部である。ここに書かれているように、漱石は、明治三三年七月中旬(一三日か一四日のいずれか)にノット母娘を訪ねた。英国留学に一抹の不安を抱えていた漱石にとって、ファーデルは頼りになる同僚だった。ファーデルにとっても、英語科主任教授、漱石の存在は大きかっただろう。漱石がロンドンに去ったあとも手紙のやり取りをしている。漱石は、明治三四年八月に休暇中の彼とチェルシーで待ち合わせ、一緒に昼食をし、ハイドパークを散歩し、街頭演説を聴いている。

漱石が留学時に世話になったノット夫人と娘グレイス(リデル、ライト両女史記念館元館長・藤本佳史氏提供)

ファーデルは、明治三六年七月三一日付で五高を退職した。漱石の耳には「五高の教師を続けたい」との希望が伝わっていたのだろうか、漱石は、同僚の奥太一郎(のちに九州学院教頭)宛の手紙(明治三六年三月八日付)に「ファーデルの六月以後解雇を気の毒に思う」と記している。彼は五高退職後、東京高等商業学校(一橋大学の前身)で英語とフランス語を教えている。

「夏目サン」と声をかけたノット夫人

漱石とミセス・ノットの「その後」も気になるところである。プロイセン号乗船から二五日後の一〇月四日午前、漱石が甲板の椅子に座って読書をしていると、突然、「夏目サン」と声をかけられた。驚いて見ると、ミセス・ノットが立っていた。リデルの「回春病院」で福音活動をしていた娘と別れ、長崎から乗船していたが、船室が漱石と違って「上等室」だったため、乗り合わせていることに気づかなかった。英国留学先の大学を決めていなかった漱石にとって、彼女との再会は、まさに渡りに船である。

漱石は翌日、再び彼女を尋ねて上等室に出かけた。

『断片四B』には、次のくだりがある。

「夫人は聖書を小脇にかかえて現れ、余が米国人医師と語り合っている喫煙室の外で、しばらく余を待っている。余は、室内より走り出て、夫人を迎えた。昨日、夫人は親切にも余のために、恐らく余の行って学ぶべきケンブリッジのペンブローク・カレッジの学寮長アンドリューズ氏宛の紹介状を認めようと約束した。本日の夫人の仕事は、その大学において余が進むべき研究の方向を自ら見定めることである。夫人は、余に目見えるといつも満面の笑みを浮かべた。余の知識の及ぶ限り西欧の婦人としては極めて稀れのことである。その笑みは、きわめて温厚であって優しいその性質は、恐らく、この世でもっとも柔和なる母性を露呈していた。そしてまた魅力的だ……」

ミセス・ノットとの再会は、よほど嬉しかったのだろうか、妻の鏡子にも、アデンに入港した一〇月八日に「熊本にて逢ひたる英国の老婦人『ノット』と申す人上等に乗込居りて一二度面会色々親切に致し呉候。此人の世話にて『ケンブリッジ』大学に関係の人に紹介状を得候へば小生は多分『ケンブリッジ』に可参かと存候」と手紙を送っている。

漱石は、彼女と船内で会ったことで、留学先の学校をケンブリッジ大学に絞った。漱石の船上生活はミセス・ノットを軸に回った。彼女に英訳「聖書」をもらったり、英会話の個人レッスンを受けたり、上等船客主催の舞踏会に招待されたり、宣教師たちと論争したり、している。

ロンドンに到着した漱石は、早速、ミセス・ノットの紹介状を手にして、ケンブリッジ大学学寮長のアンドリュースを訪ね、ケンブリッジでの留学全般について話を聞いた。しかしながら、面談の結果は、漱石にとって心の弾むものではなかった。下宿代、生活費に加え、授業料も高く、文部省から支給される留学手当では、書物の購入費用も思うように捻出できないことがわかったのだ。もう一つの名門校、オックスフォード大学での勉学も同じような理由から断念、さらにエディンバラ大学を検討するが、こちらも英語の発音が、日本で言えば「仙台弁の様なもの」で、覚えてもしようがないと判断した。

最終的に漱石が選んだ留学生活は、ロンドンにとどまり、ユニヴァーシティ・カレッジのケア教授の講義を聴く傍ら、シェークスピア研究家として知られるジェイムズ・クレイグ氏宅で個人授業を受けることだった。下宿は低家賃の場所に変わった。そして生活費を押さえ、書物を購入し、部屋に籠って勉強に明け暮れた。

ミセス・ノット一家は敬虔な牧師家庭だった。明治三四年四月九日、漱石がクレイグ宅から帰宅すると、ミセス・ノットの二男、パーシー・プレイデル・ニール・ノット（聖公会牧師）が突然やってきて、翌日にミセス・ウォーカー氏宅で開かれるお茶の会に招待した。翌日、出かけて行くと、ノット夫妻が待っていた。一同の話題は「イギリスとイギリス人について」だったという。漱石研究家の青木勝士氏（熊本県立図書館学芸員）は「漱石は、ノットとの雑談を通じて、英国人の習俗や欧州人の日本人を含めた東洋人の位置づけ、神への信仰の程度の違いなどを習得した」と解説している。

漱石は、同月一七日にもミセス・ノットの友人宅に呼ばれ、熊本から帰国していたミセス・ノットの娘、グレイス・ノットと再会した。この席では、欧州人のキリスト教への信仰心について話が広がったと見られるが、注目されることは、彼女たちから見れば漱石は、布教の対象人物にすぎなかったことだろう。

江藤淳は「ノット夫妻とミセス・エッジヒルとのあいだには連絡があり、牧師は金之助の気持ちをほぐすために、ミセス・ウォーカーの茶会を利用したと考えられぬこともない。つまり彼らは伝道のために協力していた。そして金之助に耐えがたかったのは、まさにこの伝道の熱意であった」（『漱石とその時代』第二部）と記している。漱石の留学生活には心の闇が広がっていた。

桜井校長からブランドラム発狂死の知らせ

ロンドン生活を始めてから五カ月——明治三四年三月一一日に五高校長、桜井房記から漱石の手元に一通の手紙が届いた。漱石は、前月の二月九日に友人の狩野亨吉、大塚保治、菅虎雄、山川信次郎（連名）宛に「留学を延期して四、五ヵ月フランスに行きたいと思うから、狩野亨吉から上田万年に話してほしいと希望を述べ、帰国したら熊本はもう行きたくないので、第一高等学校に就職したい」（『漱石研究年表』）と手紙を投函していた。漱石は、桜井の手紙に一抹の不安を抱えながら、急いで封を切ったに違いない。が、そこに書かれていたのは、漱石の転任問題ではなく、熊本聖公会宣教師、ブランドラムの訃報を知らせる文面だった。漱石は同日付の日記に次のように書き留めている。

「今日、桜井氏より書面くる一月二五日付なり京都大学の蒲生生よりも来る一月三一日付なり、桜井氏の書面にブランドラム氏発狂の事あり香港に送る途中にて死亡する。気の毒なることなり」

ブランドラムに何が起こったのだろうか。そのことに触れる前に五高とブランドラムの関係をおさらいすると、ブランドラムはハンセン病患者救済に力を尽くしたハンナ・リデルらの上司である。ケンブリッジ大学を卒業し、五高にとっては、英語の嘱託教授を任せることができるキャリアの持ち主だった。

五高でも、キリスト教を信仰する生徒を中心に人望があった。生徒主催の講演会（明治三一年三月二一日）でケンブリッジの学生生活を興味深く語ったりしていた。

漱石は、そんなブランドラムを五高に迎えるために、熊本在任中に中川校長に推薦、その結果、ブランドラムは、明治三一年九月から翌三二年三月までの短い期間ではあるが、週に八時間の英語授業を受け持った。

ブランドラムの功績は英語の指導ばかりではない。五高では、明治二九年五月に生徒六人が職員一人とともに、熊本市郊外の万日山でキリスト教信仰の盟約を結び、借家を「花陵会」と名付けて起居を共にしながら伝道活動に入った。彼等の活動は、花岡山で海老名弾正ら熊本洋学校の生徒たちが奉教の誓いをたてた「熊本バンド」（明治九年結成）に因んで、「第二の熊本バンド」と呼ばれている。

ブランドラムは、こうした五高生の伝道活動に対し、献身的な世話をした。なかでも特筆されることは、五高教師就任前の明治三一年五月に「花陵会」の生徒たちに九州地区青年会館建設を持ちかけ、資金提供を申し出たことである。ブランドラムの計画は、世界ＹＭＣＡ同盟と相談し、英米各地で募金を募り実現することだったが、思うように募金が集まらない。そこでブランドラムは、土地購入資金四〇〇ポンド（三九〇〇円）と借用金の利子分二〇〇円の支払いを個人で引き受けた。この費用は、彼が子供の教育資金として蓄えていたお金だった。

こうして集会場兼宿舎「花陵会館」は、紆余曲折を経ながらも、九年後の明治四〇年一一月に、ブランドラムが買った土地（熊本市中央区黒髪二丁目）に、米国基督教会青年会同盟の支援金や募金等により完工した。花陵会館は五高生から熊大生に引き継がれ、今でもキリスト教を信仰する学生たちの心の拠り所となっている。

ブランドラム訃報の件に話題を戻そう。「旧制第五高等学校外国人教師に関わる調査・研究」チーム、池邉和彦氏のレポート（『全国五高会会報』第八九号）によると、ブランドラムの死は、次のような経緯をたどっている。

ブランドラムは、布教より優先してハンセン病患者のための病院建設を打ち出したハンナ・リデルとの確執から、明治三三年一〇月以降、不眠に陥り、同年一二月二二日には完全に健康状態が悪化し、凶暴になった。宣教師の仲間五人が保護し、長崎の礼拝堂に留め置いたこともある。

ブランドラムが購入した土地に建てられた花陵会館

地元の医師は香港の病院での治療を薦めた。この結果、ブランドラムは宣教師仲間に付き添われ、同月二九日に日本船に乗船した。翌朝は医師の鎮痛剤で気分もよくなったが、その後、昏睡状態に陥り、午後に心臓発作で死去した。

ブランドラムの遺体は、翌日、呉松に運ばれ、英国国旗に覆われ、埋葬された。長崎に在住していた夫人と四人の子供は葬儀に出席できなかった。熊本では、翌年一月六日午後二時から、三年坂教会で各教派合同の追悼会が開かれた。


ブランドラムは、キリスト教徒の五高生が念願していた花陵会館の完工式に立ち会うことができなかった。彼が提供した土地購入代金のうち一三〇〇円は、明治三七年に建設募金の中から夫人に返済された。

死因をめぐっては、リデルとの対立を背景とする「狂死説」が定説となっているが、熊本市内で牧師をしているK氏は「家族間に軋轢があったのでは……」と疑問を投げかけている。

英語教師スウィートの選任に奔走

帰国したら、熊本には帰りたくない――そんな思いを抱いて留学生活を送っていた漱石にとって、五高教授、教頭心得という肩書は、いつも重たい荷物を担いでいるような、急き立てられるような、そんな気持ちにさせられていたのではなかろうか。そんな漱石の手元に、明治三四年五月二三日、鏡子からの二通の手紙とともに、桜井房記校長からの便りが舞い込んできた。

「ブランドラムの後任教師を捜してほしい」。

漱石の対応は驚くほど速い。手紙を受け取った六日後には、ロンドン大学（キングカレッジ）のヘールズ教授に教師招請の依頼の手紙を出した。よほど慌てていたのだろう。ヘールズ教授から返送された手紙を見ると、誤って手紙の写しを送っていた。

漱石は六月六日にもしくじっている。ヘールズ教授から候補者のウィリアム・スウィートが会いたがっていることを知らされ、指定されたロンドン大学に出かけたが、約束の時間を三〇分遅れてしまった。

漱石がスウィートと面会できたのは二日後である。ともあれ、英語教師選任の件は、ヘールズ教授の協力により順調に進み、漱石は桜井校長の要請通り、スウィートを三カ年契約で五高に送り込むことができた。

ウィリアム・スウィート
（熊本大学五高記念館提供）

漱石は、当時、文部省から学術研究の報告書を提出するよう求められていた。しかし、漱石は「やりたきは文学」と言いながらも、熊本で真面目かつ厳格に英語主任教授の仕事を務めていたように、ロンドンでも、その姿勢は変わらなかった。漱石にとって、五高への外国人教師送り込みは、文部省への報告書提出よりもなおざりに出来ない、重大かつ喫緊の公務だった。

スウィートは当時二四歳。オックスフォード、ケンブリッジ大学進学試験に合格、高等証明書（六科目）を得たのち、ロンドン大学（キングカレッジ）で、古典文学、英文学、歴史、ドイツ語を勉強中の才能豊かな若者だった。

五高には明治三四年一〇月から三九年七月まで在職した。月俸は二〇〇円。演説会で「シェークスピア」の例を引きながら、英文学研究法を講義したほか、『龍南会雑誌』（第九五号）に「フットボールの遊戯に就いて」を寄稿し、サッカーの普及にも務めている。五高退職後は東京高等師範学校の英語教師となり、三九年に創刊された英語教師のための雑誌『英語授業』の編集に携わった。

桜井時雄（明治四〇年卒、東京都出身）は「先生は五高を去られた後も、一月に一回位、五高出の数人の人に自宅を開放され、英会話や英文学を教えてくださいました」（『龍南回顧』）と記している。

第一次世界大戦中にロイター通信員となり、大正一一年に帰国した。熊本大学五高記念館の史料には「典型的な英国紳士で、在日中は外国人英語教師たちの中心人物であり、夫妻はメドレー（東京外国語学校教師）とともに、東京素人演劇クラブで活躍した」とある。

スウィートを五高に送り込んだ漱石は、二年四カ月の英国留学を終え、明治三六年三月三一日付で五高を退職した。退職前の三月八日には、同僚だった奥太一郎に手紙を送り、五高に事情があって戻らなかったことを伝えるとともに、スウィートのその後を気にかけ、近況を尋ねている。漱石は一高、東京帝国大学文学部講師を経て、朝日新聞社に入社、数多くの作品を発表し、文豪漱石の名を残し四九歳で死去した。

五章　遠山参良とブラウンの運命的な出会い――九州学院誕生

熊本市中央区大江に位置する私立高校の名門、九州学院は、ルーテル教会が創設した日本初のミッションスクールである。ＪＲ九州の熊本駅前から市電に乗ったあと、熊本城に見送られるように中心部を駆け抜け、停留所「交通局前」で下車すると、約二分で正門に着く。さらに正門から校舎群の間を歩くと、屋根に十字架を掲げたロマネスク風の美しいチャペル（会堂）が見えてくる。明治四四年（一九一一年）に同学院を創立した米国人宣教師、チャールス・Ｌ・ブラウンの功績を記念し、大正一三年に米国人建築家、ウィリアム・メレル・ヴォーリスの設計によって建造された。国の登録有形文化財に指定されている。

チャペルの前には、初代学院長、遠山参良を偲ぶ記念碑も建立されている。開校のきっかけは、日本で基督教の伝道、教育事業に情熱を燃やしたブラウンと遠山の運命的な出会いに始まる。遠山参良とはどんな人物だったのだろうか。そしてブラウンは……。

ブラウン・メモリアル・チャペル

遠山は、慶応二年（一八六六年）、熊本県八代郡鏡町に生まれた。日本三大プロテスタント潮流、熊本バンドで知られる熊本洋学校の最後の在学生として、徳富猪一郎（蘇峰）や蔵原惟郭と一緒に学び、同志社（京都）に入学した。その後、熊本の私学校や長崎県大浦の私立加伯利《カブリ》（のちの鎮西学院）を経て、明治二一年九月に母校の鎮西学院教師に就任。さらに二五年に米国オハイオ州のウェスレヤン大学に留学し、理学学士、理学修士の学位を得た。帰国後は鎮西学院に復職し、英語と生物学を教えるとともに、長崎県の私立活水高等女学校の嘱託講師も務めた。

長崎の出島美以教会（出島メソジスト教会）に所属したキリスト教徒で、教壇に立つ傍ら、教会で説教や宣教師の通訳をするなど、村落を回って伝道活動に従事した。渡米前にはD・S・スペンサー著『教会史講演』第一巻を翻訳出版し、キリスト教信仰への確信を求める青年たちに大きな影響を与えたといわれている。

遠山は、明治三二年七月に五高英語科主任教授を務めていた夏目漱石の面接を受け、一カ月後に五高英語教師に就任、翌年一月に教授に昇格した。九月には英国留学を前にした漱石に頼まれ、後任の英語科主任教授を引き受けた。漱石は、遠山に真っ向から主任ポストの要請をしても、多忙を理由に断わられると考えたのだろう。野球で言えば、直球勝負ではなく変化球を投げるように声を低くし、ささやくように話しかけた。

「遠山君、英語の主任になるような奴は、よほどバカな男に決まっているね」。すると遠山が、漱石にニッコリして答えた。「よし僕が引き受けた」。漱石の作戦勝ちである。

遠山に薫陶を受けた山崎貞士（熊本市立中学校校長）は「漱石は遠山先生の性格を見抜いて、その俠気とか、熊本流でいえば一種のモッコス性を巧みに利用したのかもしれない」（『幾山河』）と記している。

学院長就任時代の遠山参良
（九州学院提供）

遠山は、校友会組織「龍南会」の演説部長も引き受けた。当時、五高論壇は、のちに二・二六事件で臨時首相代理（当時、内相）を務めた後藤文雄（明治三七年卒、大分県出身）らが雑誌編集委員を務め、活気を呈していた。遠山は、生徒たちの論文や演説会での弁士ぶりに的確かつ丁寧に批評や講評をする、頼りになる先生だった。五高キリスト教青年会「花陵会」の指導にも熱心だった。

ブラウン（九州学院提供）

一方、ブラウンは、一八七四年（明治七年）に米国北カロライナ州アヤデル郡の貧しい農家の五男坊に生まれた。少年時代から印刷屋や農家の手伝いをしながら、バチュラー・オブ・アーツの学位を得た。宣教師を志望し、ペンシルヴァニア州のマウント・エアリイ神学校（ルーテル派）で学んだあと、南部一致シノッド（教区）の外国伝道局から日本への赴任を命じられた。

来日は明治三一年一一月。当時、九州には、ピリー、シェラーという、二人の宣教師が佐賀を中心にキリスト教の伝道活動をしていた。しかしシェラーが病気にかかったため、後任の宣教師に指名され、新婚の妻、バージニア・フランツと二人で長崎に到着した。二四歳だった。

遠山は、五高で漱石の採用面接を受けたあと、熊本から汽車に乗って長崎へ向かっていた。そこへ佐賀駅から、一人の若い外国人男性が乗り込んできた。二人に面識はなかったが、列車内に入った時、男性は周囲の乗客とは違う紳士然とした遠山の姿を見つけ、座席に誘われるように遠山のそばに着席した。遠山も米国留学で培った流暢な英語で話しかけ、二人はたちまち意気投合した。

男はブラウンだった。二人の偶然の出会いが運命的な出会いとなり、九州学院開校への道を切り拓くことになる。

熊本では当時、「日本福音ルーテル教会」から派遣された山内直丸牧師が熊本に着任し、ルーテル派の伝道活動を始めていた。ブラウンも五高生を中心にした熊本伝道を決意し、明治三三年一二月に長崎で生まれた長男ともども家族三人で熊本市内の新屋敷町に移り住んだ。彼の熊本着任は、ルーテル派の外国人宣教師の第一号である。

五高生を相手にギター演奏と布教活動

ブラウンが遠山の周旋を受けて五高教壇に立ったのは、明治三四年一月～三月、同一〇月～三五年八月、三七年九月～三八年一二月の三期である。期間はいずれも短いが、ブラウンは熱心に英会話の指導に当たる一方、遠山が指導していた「花陵会」の生徒たちと活発に交流し、布教活動に励んだ。ギター演奏が得意で、しばしば生徒たちの前で披露した。

『龍南会雑誌』（第九八号）に、次のような記事が掲載されている。

「二月三日、月黒く星稀なる夜、演説部＝大演説競技會が、例の瑞邦館で開かれた……演説終りて、中幕としてマルチン氏及びブラウン氏のマンドーリンとギィーターとの合奏があった。耳慣れぬこととて何とも分からなかったが、然し其何とも分からぬ興味を感じた……終りて又マルチン、ブラウン二氏の合奏があった。後遠山部長立ちて、投票の結果を報告され、賞を授与せられた」

この一文からわかることは、遠山が演説部長として後藤文雄らが企画した演説会に出席し、生徒たちの演説講評や入賞者の選考に当たったほか、ブラウンを招いて、生徒たちにギター演奏を聴かせていたことである。熊本では当時、マンドリンやギターはなじみのない楽器だった。生徒たちにとってブラウンらの演奏は、音楽を通じて西欧文化への目を開かせるきっかけになっていた。

日露戦争は明治三七年二月一〇日に勃発した。軍都・熊本からは、第六師団の兵士たちが遼東半島に上陸し、遼陽、沙河、奉天会戦に参加した。五高の教員、職員たちも次々と出征した。この国運をかけた戦闘により、日本は未曾有の戦死者を出した。第六師団の戦死者、戦病死者は八五八〇人にのぼる。

反戦主義者の幸徳秋水や内村鑑三らは戦争反対の論陣を張っていた。が、熊本では、ブラウンらキリスト教徒から表立った反戦の声は上がらなかった。熊本バンドの一人である組合教会の元老、小崎弘道が日本宗教家大会で、キリスト教国家主義の立場から戦争是認論を展開したことも大きな影響を与えた。ＹＭＣＡは軍隊への慰労事業を展開した。

ブラウンが関わっているルーテル教会も、熊本に帰還した負傷兵士たちのために各宗派に呼びかけて、帰還傷病兵士慰安音楽会を熊本陸軍病院で開催した。彼はここでも得意のギターを演奏し、夫人が英語の詩を朗読して兵士たちの心を慰めている。

日露戦争は、明治三八年八月に米国ポーツマスで開かれた講和会議で終戦が決まり、日本は朝鮮に対する権益と清国領土の旅順、大連の租借権、長春以南の鉄道と付属する利益をロシアから譲り受けた。しかし、日清戦争後の三国干渉以来、臥薪嘗胆の歳月を送っていた国民の多くは、多額の賠償金を取れなかったことに憤激した。各地で条約破棄の抗議の声が上がり、東京・日比谷では交番焼き討ち事件まで発生している。

ブラウンは、日露戦争終結の翌明治三九年五月に一時帰国した。目的は、熊本にキリスト教主義中学校を設立するため、米国内で建築資金などの支援体制を整えることにあった。熱意は実った。南部一致ルーテル教会が総会を開き、熊本に神学部を中心とする教育機関設立のための土地購入と校舎建設資金五万ドルの支出を可決、さらにミッションスクール創設と組織づくりの全権限をブラウンに委嘱した。

彼は、明治四一年一〇月に熊本に帰ると、早速、ミッションスクール開校に向けて始動し、四二年九月にルーテル神学校を開設、さらに九州学院設立の認可を得て、四四年四月に念願の九州学院の開校（ルーテル神学校は九州学院神学部に改組）にこぎつけた。ブラウンは遠山参良に初代学院長の就任を要請し、自らは主事を務め、遠山を経営面から支えた。二人が列車の中で出会ってから、一二年三カ月の歳月が経っていた。

キリスト教徒に師友が多かった大川周明

二人が教壇に立った五高には、当時、どんな生徒がキリスト教に関心を示していたのだろうか。五高卒業生名簿からざっと拾ってみると、右翼思想家、大川周明（明治四〇年卒、山形県出身）、生理学者、緒方大象（同、福岡県出身、九州大学名誉教授、緒方竹虎の実兄）、医学者、古屋野宏平（同、岡山県出身、長崎大学学長）、ＹＭＣＡ総主事、斉藤惣一（明治四一年卒、福岡県出身、国際基督教大学設立実行委員長）らの名前が目につく。

なかでも大川周明は、明治三七年九月に五高文科に入学し、遠山に最も師恩を受けた生徒である。山形県の西荒瀬村（現在は酒田市）に生まれ、庄内中学校（県立鶴岡南高校）に在学中に同校教師の漢学者角田俊二宅に寄宿し、漢学の指導を受けた。しかし、三年生の頃から鶴岡天主公教会のマトン神父に週三回フランス語を学び、キリスト教に魅かれる。一方で「週刊平民新聞」を購読し、社会主義思想の影響を受けた。

中学卒業後は東京・正則英語学校で勉強をしながら、社会主義者の講演会に出かけた。安部磯雄の「言論の自由」と題する演説に感銘し「例によりて、安部磯雄氏の演説は高く群れを抜けり。明晰な其言語と沈着な其態度と整然たる其論旨とは、殆ど予の理想に近きものなり」と記している。（『大川周明日記』）

大川が五高に入学した頃は、日露戦争の真っただ中だった。日本主義から自然主義への移行期でもあるが、多くの生徒たちが宗教や哲学に心を惹かれ、社会に目を向け、社会主義などの思想に関心を向けていた。

大川も「五高時代にはプラトン、エマーソン、スピノザ、ヘーゲル、フィヒテなどを研究、その挙句、社会制度の根本改造を必要とし、実にマルクスを仰いでわが師とした」（『安楽の門』）。

五高では、大川が同級生の高田保馬（佐賀県出身、京都大学、九州大学、大阪大学名誉教授、歌人）とともに、学内に社会主義思想を持ち込んだといわれている。また幕末の思想家、横井小楠の思想に惹かれ、江津湖畔にある横井小楠の墓に詣でたりしているが、最も注目されることは、大川の遠山に対する畏敬の念とキリスト教徒たちへの接近ぶりだろう。

大川は『安楽の門』に、こう書いている。

大川周明

「私は中学を卒えてから熊本の第五高等学校に入学した。…（略）…西では明治九年、熊本郊外花岡山に会して一身を基督教に捧げることを誓い、次いで挙がって新島襄の同志社に来り投じた横井、金森、宮川、海老名、小崎の諸氏に負えるものであるから、熊本は基督教と因縁深い土地である。五高には、花岡山に因んで花陵会と呼ぶ基督教信者の団体があり、私は花陵会員の数人と親しく交じはった」

「三年まで（遠山先生に）英語を教わった…（略）…私は三年になってから、毎週英語で一篇の文章を書き、之を先生の自宅に持参して添削していただいた。今から顧みるとさぞ厄介なことだったろうと思われるが、先生はうるさそうな素振りも見せなかった。五高の諸教授のうち、私が最も篤く師恩に浴くしたのは、先生である。そして先生の夫人は、基督教女性の典型というべき慈愛と聡明とを兼ね備えた淑女であったので、その家庭は極めて美しかった。かように五高では、クリスチャンに私の師友が多かった」

大川周明の研究家、大塚健洋氏も「彼の師友には基督教徒が多く、そのうえ、明治三十八年十一月に西南戦争で戦死した榊原政治の甥、政男が草葉町教会の第十六代牧師として熊本に赴任したので、大川は日曜日ごとに彼の説教を聞きに教会へ通った。これは当時大川の最大の楽しみの一つだった」（『大川周明』）とキリスト教との絆の深さに言及している。

大川と遠山との密接な子弟関係は、キリスト教を介してだけではない。大川は、緒方大象、松村武雄（明治四〇年卒、熊本県出身、文学博士）らとともに、校友会の機関誌『龍南』の編集部員を務めており、同誌に「不浄中の眞金を如何すべきか」「小楠先生を懐う」「情死論」など精力的に論文を発表している。さらに演説会でもしばしば壇上に立ち、論客ぶりを発揮した。

遠山は、そんな大川の才能を高く評価していた。演説会での講評例をあげると、大川が五高在学最後の演説会で、下級生の斉藤惣一に続いて壇上に上がり、「中保者としての天」との題名で演説をした折に、次のような講評をした。

「大川君、君のも、messageを有する点に於て著し。會て或時は社会の不平等を憤らるるをきゝ、又或時は冷静に哲理を論ぜらるるをきゝしか。今宵の心中に燃ゆるが如き熱情を蓄え乍ら、明晰なる思想、該博なる智識を以て、音吐朗々、預言者の態を以て論ぜられたり。而して終始拱手、不動の姿勢を持し、三寸の舌のみを以て聴衆を感動せしむるは、舌に非凡の魔力あるによるへけれど、若し之に加ふるにgestureを以てせば、（注・三語削除）となふる事一層深きものあるへし。乞ふ此利器あるをすつる勿れ」（『龍南会雑誌』第一二八号）

「君のも……」とあるのは、斉藤惣一が「龍南の元気」の題名で演説をしたのを受けての講評であるためだ。斉藤惣一もまた遠山に雄弁ぶりを高く評価された一人だった。

『九州学院百年史』は、当時の大川の思想について「五高時代を辿ると、キリスト教信仰にかなり接近しているが、洗礼を受け、入信することはなかった。洋の東西を問わず、宗教や哲学、思想研究などあらゆる学問に励みながら、世界とは何か、人生とは何か、いかに世界と人生とに処すべきかと問い続けた」と伝えている。

遠山は、五高教授職を辞し、九州学院院長に就任後も、五高の英語講師を続けた。その傍ら、活水、長崎鎮西、福岡女学院の理事長も引き受け、九州のミッションスクール界の重鎮として活躍した。院長執務室で倒れたその日の早朝には、五高文科三年甲組の生徒のために「和文英訳問題」を作成していた、といわれている。昭和七年一〇月九日に死去、六七歳だった。

ブラウンは、九州学院の経営が軌道に乗った大正五年三月に帰国した。そして一〇年四月にニューヨークを発ち、インド経由でアフリカへの新たな伝道の旅に出かけ、一二月五日にリベリアの奥地へ向かう途中に熱病にかかり、客死した。熊本では、悲しみのなか、ブラウン追悼記念礼拝が同月一八日に熊本教会で、二一日に九州学院で行われた。ブラウンは、今もリベリアの奥地で眠っている。

九州学院では、初代院長遠山参良の命日にあたる一〇月九日に新入生たちが記念碑前に参列し、顕彰の式典を開催している。副院長チャプレンの小副川幸孝氏は「私は生徒たちに、五高教師をしていた夏目漱石との縁で遠山先生とブラウン博士が運命的な出会いをし、九州学院が生まれたことを話しています。人生の出会いがいかに大切かを知り、学園生活を通じて、素晴らしい出会いを見つけてほしいと願っています」と語っている。

六章　ドイツ人教師との知的交流深まる

「いくら日露戦争に勝って、一等国になっても駄目ですね。尤も建物を見ても、庭園を見ても、いずれも顔相應の所だが、あなたは東京が始めてなら、まだ富士山を見た事がないでせう。今に見えるから御覧なさい。あれが日本一の名物だ。あれより外に自慢するものは何もない」

この文章は、夏目漱石の小説『三四郎』に登場する偉大な暗闇の人・広田先生が、熊本から上京する三四郎に車中でかける言葉だ。

『三四郎』は、明治四一年（一九〇八年）九月から一二月にかけて「東京朝日」「大阪朝日」に同時掲載された新聞小説である。掲載されると、爆発的な人気を呼んだ。当時、五高在学中の大内兵衛（明治四二年卒、兵庫県出身、マルクス経済学者）も、著書『旧師旧友』に「兵衛は三四郎である。熊本の高等学校を出て東京に上ったのは、「三四郎」が『朝日』に出たあくる年である。彼はたしかに汽車で東京へ来たが、車中では三四郎のように三輪田のお光さんに似た女に遭わなかった」と自らの青春時代を三四郎に重ねている。

『三四郎』が出版された明治後半から大正にかけて、日本は、年を追うにつれて暗さが増していた。ざっと出来事を拾うと、大日本製糖疑獄事件、枢密院議長・伊藤博文暗殺事件、無政府主義者・幸徳秋水らの大逆事件摘発、幸徳秋水ら一二人の処刑、片山潜らの社会党結成と解散命令、そして明治天皇の崩御（明治四五年七月三〇日午前零時四三分）……。

日露戦争に勝利し、維新以来の悲願だった「世界列強の仲間入り」を果たした日本であるが、国内状況はおかしくなっていた。軍備増強によって、国家経済は破綻状態、労働争議の頻発、そして陸海軍関係者に対する伯爵、子爵、男爵といった授爵の大盤振舞……。

貧富の差も、国民が大国主義の思想に踊らされているうちに拡大した。金力と権力が支配する競争社会となれば、国民の心が荒れるのは当然である。夏目漱石が、日本発展を疑いもせずに信じている「三四郎」に向かって「日本は亡びるね」と広田先生に言わせたのも、むべなるかな、である。

高等学校は「大学予科一本」の状態に

ところで、この時代、高等教育の世界はどんな状況に置かれていたのだろうか。旧制高校研究家として知られる高橋左門は、明治三〇年代から大正前半期にかけての時代が、旧制高校が「最も安定し、教育内容、気風と伝統形成の上で、最も充実し、古典的な完成を見せた時期である」

と強調している。このことは、別の表現で言えば、旧制高校が帝国大学進学の道を保証される「大学予科一本の状態」に置かれ、学園内では寮生活で自由と自治を掲げながら、弊衣破帽のバンカラ青春を送ることができたことを意味している。

学校ごとに独自の校風が形成され、名寮歌も誕生した。時には寮生活が質素を通り越し、乱雑となったりしたこともある。

酒博士として有名な住江金之（明治四三年卒、熊本県出身）は「寮に蚤がワンサと居て『天下とるまじゃ大事な体、蚤に食わせてなるものか』と歌いながらも、蚤にたかられた」（『龍南回顧』）と思い出を残しているが、落第賛歌の風潮が広がり、寮内にストームが吹き荒れたのもこの頃である。

こうした旧制高校のバンカラ文化が生まれた背景には、序章で述べた通り、明治二七年の「高等学校令」公布により、従来の高等中学校が高等学校になったことが挙げられる。このことは、高等学校と名称が変わっただけではなかった。

文部大臣の井上毅は、日清戦争を二カ月後に控え、「実業教育国庫補助法」を公布し、実業教育の振興に力を入れるとともに、高等学校を原則として、専門学科（四年制）を教授するところ、つまり、高等学校を帝国大学よりも低レベルの「専門高等教育機関」と位置づけし、早急に国家に役立つ人材を養成することを目指した。これにより、三高の大学予科がなくなり、法学部、医学部、工学部が設置されたほか、鹿児島高等中学校造士館は、文部省の管理が解かれ、廃止された。

しかし、制度と実態は往々にしてそぐわないものである。三高では、新たに設置された法学部などに進学希望者が集まらず、明治三〇年に大学予科が復活、鹿児島高等中学校造士館も、三四年に七高として新たなスタートを切った。

高等教育関係者や将来の夢を膨らましていたエリート中学生の多くが高等学校に求めていたのは、帝国大学への進学が保証される「大学予科（三年制）」の拡充だった。この結果、その後の展開は、井上文相の改革の狙いとは異なり、明治期には高等学校が、鹿児島・七高のほか、岡山に六高（三三年）、名古屋（四一年）に八高が設立され、学校名に数字がついた「ナンバースクール」が全部で八校になった。岡山も名古屋も、いずれも激しい誘致合戦の中で誕生したものである。

一方、生徒を受け入れる帝国大学側も、東京帝国大学、京都帝国大学（明治三〇年創立）、東北帝国大学（同四〇年創立）、九州帝国大学（同四三年創立）の四つになった。

こうして高等学校に進学できた生徒たちは、帝国大学への道を保証されながら、自由と自治のスローガンを掲げ、弊衣破帽、バンカラの高校生文化を謳歌し、近代日本の青春劇を繰り広げていくことになる。

教師たちも、大きな存在感を示していた。なかでも、英語やドイツ語など語学教育を引き受ける教官たちは、帝国大学在学中に国のお雇い教師に指導を受け、学者としても教育者としても旧制高校教育のシンボル的な存在になった。

大正14、15年頃の五高全景（熊本大学五高記念館提供）

教壇で生徒指導に情熱を燃やす名物教授が輩出する一方、生徒たちに新たな思想を吹き込む新進気鋭の教師も誕生した。また教官室で互いに知的交流を深め、学問的な業績を高め、帰国した「国のお雇い教師」に代わって、大学に戻り大学教授になる教師も出てくる。

語学教育に当たる教師たちの置かれた環境は確実に変わりつつあった。五高を見ると、旧制高校屈指のドイツ語の達人と呼ばれた小島伊左美教授や英語担当の厨川辰夫（白村）教授らの名前が浮かんでくる。

厨川辰夫は、生徒から「悪罵、皮肉の天才」と怖がられながら、明治三七年九月から四年間、英語教授を務めた。東京帝国大学英文科で小泉八雲（ラフカディオ・ハーン）、夏目漱石の指導を受け、大学院で「詩文にあらわれた恋愛の研究」をテーマに研究を重ね、自然主義の勃興期に恋愛至上主義を唱え、バンカラ五高生に新しい時代の到来を予告した思想家でもある。

明治四〇年九月の始業式の日に「美を中心とする人格の修養」と題する別れの演説を残し、三高教授へ転任、その後、京都帝国大学助教授に就任した。大正一二年九月一日の関東大震災の日に鎌倉の別荘で津波に遭い、四四歳で死去した。

厨川の厳しい授業を受けた大内兵衛は、東京帝国大学助教授時代の大正九年に同僚の森戸辰男が「クロポトキン研究」に関連して出版法違反で起訴され、休職処分を受けた際に、厨川から温かい励ましの手紙をもらっている。大内は、自著『旧師旧友』にこう書いている。

「何としても先生のユニックなあの冷嘲熱罵が何十パーセントかの真実性をもっていたのは、先生において真剣に世を怒るの概と、世にまけない意気とがあったためである」

ドイツ語教授の小島伊左美は、五高名誉教授第一号。東京帝国大学独文科卒業後の明治三一年に青木昌吉（のちの東京帝国大学教授）と一緒に五高へ赴任し、昭和一九年三月までの四五年間、教授、嘱託講師を務めた。

青木昌吉の思い出話に漱石らと共に小島の名前も登場するが、このくだりは、当時の教官室の様子を如実に伝えている。

「中川校長の下に天下の秀才が集まっていた観があり、私の四十年の教員生活を顧みる時、熊本の高校時代に受けた影響は僅か三年ではあったが、決して少なくない。当時の教員には、夏目

余滴

小島伊左美を知らなければ「もぐり」

旧制高校には一高ドイツ語教授、岩元禎のように生徒に思慕された名教授が数多く輩出している。五高ドイツ語教授の小島伊左美もその一人。「先生の名前を知らなければもぐりの生徒」といわれかねない。

小島は石川県出身。帝国大学独文科でカール・フローレンツの薫陶を受け、明治三一年八月に熊本にやってきて、四四年間も五高の教壇（定年後の嘱託講師を含め）に立ち続けた。

茶道、謡曲を嗜むなど、なかなかの粋人。色町のお師匠さんに惚れこまれたとの逸話も残っているが、教壇では、終始穏やかな態度で授業に臨み「学ぶことは何か」を問いかけた。前夜に酒を飲み過ぎて予習をしていない生徒がいても「そうですか」と何事もなかったように授業を続けた。なかには、日頃の勉強ぶりを挽回しようと、指名される前に手を挙げ、音読する生徒もいた。ある日、そんな一人が、「durch」の所に差しかかった時である。先生曰く。「いいえ」。そのあとは何度発音しても「いいえ」の連発だった。

小島は自から一度も正しい発音を教えなかった。授業はとうとう、これで終わってしまった。

マルクス経済学者、向坂逸郎（大正七年卒）は、校友会雑誌『龍南』（第一三八号）に随筆「忘れ得ぬこと」を寄せた。

「先生は、生徒が自分の頭で考えて答えてくるまで気長に待たれた。このやり方のお蔭でわれわれはドイツ語を学ぶとともに、一番大切な科学的な精神を教わった。先生は怒りもせずに、へつらいもせず、静かな科学者として倦むこともなく知らぬ熱心さで、この精神をつぎ込まれた」

ドイツ留学中にベルリンの古本屋で「プロフェッソール・コジマほど正確なドイツ語を使う日本人に会ったことはないといわれた」とも記している。

向坂は、総資本、総労働の対決の舞台となった三池争議の理論的指導者として知られる。

漱石、上田整次、児島献吉郎（漢文教授）の諸氏がおり、小島伊左美君は私と同時に任官した。理科には田丸卓郎君とか其の他京大教授になられた人も数名おり、卒業したばかりの私はこれ等の人の間にいて多大な裨益を受けた。殊に夏目君からは非常によい感化を受けた」（上村直己『近代日本のドイツ語学者』）

エリート教養層が旧制高校の教壇へ

外国人教師、なかでもドイツ人教師の存在も特筆される。彼等ドイツ人教師に共通していることは、いずれの教師も、旧制高校で語学を教えるには充分なほどの学歴や経歴の持ち主だったことである。どうして優秀な教師が、故国を離れ、教壇に立つようになったのだろうか。

この背景には数々の理由が推察できるが、大きな要因の一つに、一八九〇年代に帝国大学をはじめ、医学、薬学、自然科学、近代技術、法律などあらゆる分野で指導的な働きをしていたドイツ人の教師や技術者、顧問が、ひとまず国のお雇い教師の役目を終え、帰国し、大学講座が日本人教師にゆだねられるようになったことが挙げられる。この結果、大学で「日本学」や「日本の伝統文化」などの研究に取り組むドイツ人学者の働く場が狭まり、このことが、語学教師をしながら学問・研究に取り組む人材が旧制高校に集中する要因になった。

もう一つは、給与面の厚遇も見逃せない。ドイツの国内経済はインフレなど経済状態が悪く、高給が保証される旧制高校の教師ポストは魅力的だった。彼等は、ドイツ人特有の生真面目さから熱心に指導に当たった。生徒に教えることだけに留まらず、ドイツに留学する同僚教師への教育係も受け持ち、アドバイスを始め、哲学や文学など国際学術・文化交流の面で大きな貢献をした。

戦後に文部大臣を務めた天野貞祐（一高校長）は、京都帝国大学哲学科を卒業後、大正三年に鹿児島・七高のドイツ語教師に就任した。同僚には、ドイツ人教師にオスカール・クレスラー（のちにボン大学教授）がいた。天野は次のような思い出を『天野貞祐全集』第五巻に記している。「氏を同僚としたことは私の図らざる幸福であった。私は数年の間毎週二回多きは三回、氏と会合し、氏の日本語研究を助けるとともに私はまた様々なる疑問をもって氏を煩わした……氏の誠実周密な解釈によって私は実に多くを教えられたのである」

上村直己氏（熊本大学名誉教授）もまた、天野貞祐とクレスラーとの交流に触れ「クレスラーによれば、外国人教師は学生のためではなく、教師のためにいるのだとの考えであり、何でも遠慮せずに聞いてくれと言っていた。こうして天野とクレスラーの間で日独の交歓教授が始まった」（「七高造士館の独語教師たち」文芸同人誌『あかね』第一一〇号）と記述している。

これらの一文を読むと、教官室が、日本人教師同士にとどまらず、ドイツ人教師との学問を通じた文化交流の舞台となり、ドイツ人教師と日本人教師が互いにアドバイザー役となっていることがわかる。

五高では、エルドマンスデェルフェルが去ったあと、明治期に、フランツ・アブラハム（在職、明治三三年一〇月〜三四年七月）、N・フリッツ・フオン・ヴェンクシュテルン（在職、明治三六年九月〜四二年七月）ら七人のドイツ人が在籍した。いずれの教師も故国でエリート層に属する経歴や学歴の持ち主である。

ドイツでは、九年間のギムナジウムを経て、卒業試験に当たる大学入学資格試験に合格、大学で学位を取得後、一年間の軍務を志願し、予備士官の肩書を持ちながら、官僚や弁護士、大学教授などの仕事に就くのがエリートたちの典型的なコースである。つまり、彼らにとって、ドイツのギムナジウムや大学初期に当たる旧制高校の教師職は、エリートの青春時代を教育する舞台であり、伝統的な支配教養層の名誉ある、魅力ある仕事だった。

彼らは、教師職に誇りを持ってドイツ文化の普及に情熱を燃やした。旧制高校では、運動会やコンパの席で、しばしば「一、二、三」の掛け声に「アィンス、ツヴァイ、ドライ」といったドイツ語が使われるが、こうしたドイツ語多用は、生徒たちのエリートとしての誇りを象徴するだけにとどまらず、日本人教師や生徒とドイツ人教師との全人的交流から生まれた旧制高校特有の教育遺産と言えそうだ。

日独文化史に大きな足跡——ヴェンクシュテルン

七人のドイツ人教師を代表して、アブラハムとヴェンクシュテルンの二人に登場してもらおう。

アブラハムはベルリン生まれ。ベルリン大学哲学科で、フランス語、プロヴァンス語、スペイン語、イタリア語を習得したほか、ゴート語、アングロサクソン語、英語を学び、ハレ大学で哲学博士の学位を受領。さらにラテン語、ギリシャ語の言語学習のほか、法律学を研究し、予備士官として、フリードリヒ・ウィルヘルム第四世グレナディール第二連隊付きを命じられた。

生徒たちは、当初、名前にちなんで「油虫先生」とあだ名を付けた。が、温厚な人柄に加え、堂々たる体格、だぶだぶのビール腹、ウェルヘルム髭、といった風貌に「さすがはカイゼルの国民」と一目も二目も置いて、いつしか生徒たちはあだ名を返上した。

私事で恐縮だが、アブラハム宅には、祖父の小山令之（明治三六年卒、熊本県出身）が書生に入っていた。『龍南人物展望』（昭和一二年、九州新聞社刊）によると「政界人から満州の開拓地への転身組で、アブラハムという独人教師宅に住み込んでみっちり語学を勉強したからドイツ語の達者なことは驚くばかりであった」という。

アブラハム
（熊本大学五高記念館提供）

小山は在学中は文科に在籍していたが、帝国大学は法科に進み、卒業後に法律新聞に関係し、日本に陪審制度を紹介している。その後、熊本に帰り、中学校教師や舎監を経て、弁護士活動の傍ら、県議会議員や代議士（一期）を務めた。しかし、昭和七年の総選挙を機に、二〇年間の政党人生活を清算して満州（奉天）にわたり、弁護士生活を送った。「無策大道を往くと

ヴェンクシュテルン
（熊本大学五高記念館提供）

いった太っ肝の気性だった」とも記されているが、母の思い出は「酔っぱらって家に帰ると、子供たちを前に直立不動し『ハイル・ヒトラー』と大げさな敬礼をしていた」。アブラハムの髭に感化されていたのか、口ひげを自慢にしていた。五三歳で死去。

ヴェンクシュテルンは、五高教壇で六年間、ドイツ語、ラテン語を教えた。短期間ながら英語も指導した。ダンチッヒ（ポーランド領）に生まれ、ギムナジウムで文学的教育を受けたあと、パリ大学で雑誌事業及び近世語学、英国商法の研究、英国・ロンドンで東洋文学を学んだ。来日直前までキガンポール・トレンチ・トリュブナー出版協会の支配人兼校正係を務めた異色の経歴の持ち主でもある。

来日当時、四四歳。月給三〇〇円、ほかに宿料二五円を受け取っているが、これは同僚の外国人教師が官舎に住んでいたためであろう。夏目漱石の借家だった熊本市内の北千反畑町の家に住み、社会学、経済学の権威となった高田保馬（明治四〇年卒、佐賀県出身）が寄宿していた。

背が低く、背中が曲がっていたことから、漱石は小説『三四郎』に「熊本の高等学校の教師で、一人は運悪く脊虫であった」と登場させている。生徒にからかわれたこともあったようで、樋口芳包（明治四五年卒、佐賀県出身）は、次のように書き残している。

「お人の良い柄であったが、或る一日某君（中略）が、チヨウクの粉が一面についた念入りの黒板ふきを、教室の入口の戸と柱との間に入れ挟んで置いた。教師は知らずに戸を開けたから俄然頭上に落下して白色一面となった。さすがに温厚な彼氏も憤怒烈しく地をけって退去した。約二十分位教室内に笑声雑談止みもせず雑然として居た時、校長さんが教務主任を伴れて入室され、諄諄として生徒の不心得を誡め諭された。一同頭を下げたまま級代表が謝罪した」（『龍南回顧』）

当時、寮ではストームが盛んで、そのバンカラぶりがヴェンクシュテルンの教場で暴発したのだろう。

生徒にいたずらされたヴェンクシュテルンであるが、日独文化交流史に残る功労者の一人である。来日に先駆けてヴェンクシュテルンは、明治二八年に『大日本書史』を出版した。この本は、上村直己熊本大学名誉教授によると、ライデンで出版されたもので「一八五九年（安政六年）から一八九三年（明治二六年）までの間に欧米及び東洋において西洋語（ロシア語を除く）によって書かれた日本関係の文献目録」という。

ヴェンクシュテルンは、五高に赴任後も『大日本書史（第二）』（明治二七年より明治二九年までの日本関係文献目録）の著述に取り組み、明治四〇年に刊行にこぎつけている。

高田保馬は「朝から晩まで勉強を続け、夜は一時に寝ると云う風であった。仕事が何であったのかは当時の私にはよく分からなかったが、机の抽出はすべて『大日本書史』の増訂のための材料であるカードで一杯であったことを記憶する…（略）…私がまずい独逸文をかくと直してくれるし、分からぬことを聞くと喜んで教へてくれた」（『五高同窓会会報』第一号）と記している。

ヴェンクシュテルンは、五高退職後に陸軍砲工学校のドイツ語教師を務めたのち、明治四三年に帰国、その後、アルゼンチンに渡り、大正三年に死去した。政府は、五高教師時代の熱心な教育活動に加え『大日本書史』出版の功績を評価し、勲四等旭日小綬章を贈っている。著書に『大日本書史』のほかに『法律ラテン語入門』等がある。

日独協会は、明治四四年一〇月に設立された。総裁、久邇宮邦彦、副総裁、陸軍大将桂太郎（元首相）、名誉会頭は、当時のドイツ大使ゾルフ、名誉会員は、西園寺公望、山縣有朋という、豪華な顔ぶれである。この会には、当時の有名な政治家、学者、軍人、実業家がこぞって入会した。

日本は、明治憲法発布後にドイツを指南役にあらゆる分野で近代化を推し進めてきた。日独協会は、日本のドイツに寄せる期待の大きさをそのまま反映した組織だった。しかし、日清、日露戦争後は、ドイツ語教育の分野、とりわけ高等教育分野を除くと日独の力関係は少しずつ変わってきた。日本が自前の近代化に自信を深め、ドイツ側でも日本に学ぶ姿勢が高まってきたのである。

戦後、日独協会の再建に大きな貢献をした小島秀雄（海軍将校）は、同協会再建二十周年記念に発行された『日独文化交流の史実』に次のような一文を寄せている。

「一八八〇年代は日本で英米仏の人達に変ってドイツ語教師と顧問が一番多くいた時代であるが、一八九〇年代になると、語学教師の外の人は、概ね任務を終わってドイツへ帰った。しかし、各分野で働いたドイツ人に対する感謝の念は日本の人々の間に、いつまでも残っていて、時々追憶の会とか、出版物に、その名が想出されている」

そして当時日本に来たドイツ人のうち「良い書物」を出した人物として、地理学者Ｉ・Ｌ・レインとともに五高教師、ヴェンクシュテルンの名前を挙げている。彼の仕事はドイツ側の日本文化に寄せる関心の高さを示すとともに、近代化の担い手となっている旧制高校生に対して、西洋に目を向けるだけではなく、日本文化のすばらしさを見直すことも重要と呼びかけたものである。

七章　第一次世界大戦下、捕虜の世話に奔走する女性教師

明治天皇崩御、大正天皇即位（元号改元）、大正政変、そして第一次世界大戦の勃発（対独戦勝利と捕虜収容）――明治から大正にかけての波乱の時代に、ドイツ人女性が旧制高校初のドイツ人女性教師として来日し、七高で二年、五高で四年間、教壇に立ったことをご存じだろうか。

名前はソフィー・ビュットナー。一八六八年（明治元年）四月にプロイセン・ヴェーフェルリンゲンに生まれた。ハルバーシュタット高等女学校を卒業後、英国、フランスで英・仏語を学び、ベルリン居住の日本人ら多くの外国人留学生にドイツ語の私宅教授を行なった。彼女が教えた日本人は、文部省官吏、東京・京都両帝国大学教授のほか、東京工業学校、師範学校、在ドイツ大使館、官吏、医師、技師など各界各層にわたっている。

五高には、六代目校長・松浦寅三郎（女子学習院初代院長）に招請され、在職期間は明治四四年九月から大正四年七月三一日まで足かけ四年間である。学歴に絡んで一部のドイツ語教育の関係

者から「学歴不足」と採用に批判の声が上がった。ドイツでは、大学教授など教養階層級の仕事は、大学入試資格試験を取得し、大学で学位をとることが必要とみなされていた。つまり、高等女学校卒の資格では旧制高校で教える学歴に該当しない、というのである。しかし、松浦校長は一切、耳を貸さなかった。むしろ、ドイツ語指導力や『龍南会雑誌』への寄稿、外国語演説会への熱心な参加などを評価し、契約更新時に奏任五等以上の身分取り扱いにした。月給は三〇〇円である。

ビュットナーは帰国後に「一九一四年から一五年の戦争中に日本で体験したこと」と題するレポートを発表した。久留米市教育委員会刊行の『ドイツ軍兵士と久留米』に生熊文氏訳で掲載され、大きな反響を呼んだ。第一次世界大戦勃発に伴って、一夜にして敵国人になったビュットナーの熊本生活は、高等教育レベルの日独文化交流の一端を今日に伝える貴重な記録である。本章では、このレポートを参考にしながら展開していく。

五高第六代校長　松浦寅三郎

対日感情が急速に悪化したベルリン

まずは開戦当時に時計の針を戻してみよう。大戦は一九一四年（大正三年）七月二八日、オーストリアのセルビアに対する宣戦布告で始まった。

発端は、オーストリアのボスニア併合に怒ったセルビアの青年が、オーストリア皇太子を暗殺した事件（サラエボ事件）である。当初、二国間の紛争と見られたが、ドイツがセルビアと同盟関係のロシア、フランスに宣戦布告し、中立国ベルギーに侵攻したことから、ドイツ、オーストリア・ハンガリー、トルコ、ブルガリアなどの同盟国と英、仏、露、伊、日、米など二三カ国の連合国が総力を挙げて戦う、世界初の列強帝国主義戦争に拡大した。

戦争は日本にとって「対岸の火事」であった。ところが首相大隈重信は、ドイツがロシアに宣戦布告した一週間後の八月一日に英国駐日大使から参戦希望を伝えられると、二三日にドイツに宣戦布告（二七日にオーストリアと国交断絶）した。日独戦争の始まりである。

大隈内閣は、「大正政変」の言葉に象徴されるように、西園寺公望、桂太郎、山本権兵衛と首相が目まぐるしく変わる政局波乱下四番目に誕生した政権である。大隈首相の狙いは、日英同盟を口実に参戦し、東洋からドイツの根拠地を一掃し、日本のアジアにおける国際的な地位を向上させる、言い換えれば、ドイツが植民地にしていた中国の山東省や南洋諸島の権益を拡張することで、東洋の大国としての存在感を高めることにあった。

日露戦争で国力を使い果たしていた日本は、一時的に戦後需要で潤ったものの、財政・経済状況は疲弊の底にあった。大隈内閣の陰の演出家といわれた井上薫が「欧州の大禍乱は大正新時代の天佑」と発言したように、大戦への参戦は、中国における利権拡大につながることにとどまらず、特需景気によって国家経済を立て直し、国力浮揚を図る好機だった。

日本軍は思惑通り、兵力、砲門でドイツを圧倒した。赤道以北の太平洋ドイツ領南洋諸島を占領したのに続いて、開戦三カ月後には久留米市の部隊を主力とする独立第一八師団がドイツ軍の拠点、中国租借地青島《チンタオ》を攻め、二カ月余りで降伏に追い込んだ。この勝利で日独戦は事実上終結し、日本本土に移送されたドイツの捕虜（当時の名称は俘虜）は約四七〇〇人である。

ドイツには留学生を含め約六〇〇人の日本人が住んでいた。彼等にとって日独開戦の報は衝撃的な出来事だった。当初、ベルリンでは、日本がロシアに宣戦布告をしたとの虚報が流れ、群衆が街頭で「日本万歳」と大喜びする風景が見られたという。ロシアを宿敵とするドイツにとって、日露戦争の戦勝国となったアジアの大国、日本は、頼もしい存在だった。しかし、日本の最後通牒が公表されると、ドイツの世論は一変し、日本人はドイツ人の憎悪の対象になった。明治維新以来、日本の近代化に大きな貢献しているドイツに弓を引く「卑怯な国」になったのである。在独日本人の対独感情も変わった。

慶應義塾から留学していた経済学者、小泉信三は日記に「伯林のあわて方と取り乱し方の太《はなは》だしい事は外国人をあきれさすばかりである。間諜だと云うので罪もない外国人をみると、往来でつかまえたり撲ったりする。殺された奴も大勢ある」（大正三年八月五日）。そして「何とかして仏蘭へ勝たせたい」（同八月七日）と心情を吐露している（『青年小泉信三の日記』）。

在独日本人の動向に関しては『「八月の砲声」を聞いた日本人』に詳しいが、そこには、当時、京都帝国大学助教授の在外研究者としてベルリンに滞在していた経済学者、河上肇ら多くの日本人が、対日観が急速に悪化するドイツの国内状況を目撃し、日本大使館内の告示や日本クラブの情報を知って、夜逃げ同然に国外退去、あるいは間に合わず抑留された記録等が外務省資料を参考にして綴られている。

それによると、日本の最後通牒公表前に大使館情報により退去した日本人は四二〇人、退去が間に合わず、ドイツ官憲に抑留された日本人は一二六人（その他不明者は五四人）である。彼等の中には、三カ月の長期にわたって囚人同様の監禁生活を送った人もいる。

開戦後に一段とドイツ語学習に励む生徒たち

五高教師ビュットナーが日独戦必至の情勢に気づいたのは、大正三年、夏休みに中国から満州を経由して韓国に滞在した時である。日露戦争の戦跡「乃木将軍記念碑」（旅順）を訪れたあと、奉天に行くと、ドイツ軍の召集が始まったとの話を耳にした。その時は「信用できる噂ではあるまい」と思っていたが、韓国の友人宅を訪ねると「会社の若いドイツ人たちが勇んで軍務につくために出発する」ところだった。

「聞こえるのは『戦争、戦争、また戦争』ばかり。『日本人はどうするだろう』という問いには『日本はもちろんイギリス側だろう。そうすれば青島で戦争が始まる』という答えが返って来た。私たちのあの美しいすばらしい青島！　そんなことはとても考えられない」

ビュットナーは休暇を切り上げ、日本がドイツに宣戦布告した日（八月一一日）に熊本に戻った。以来、ビュットナー宅には六週間にわたって私服の警察官が「身の安全を図るため」との名目で住み込み、出かける時も監視された。

しかし、日本の友人たちは「戦争はあくまでも政治であって、我々個人の友情には何の関係もない」と手紙で励ました。なかでも、ベルリン時代の教え子、文部省官吏、福原鐐次郎は手紙に「戦争は国の問題であり、個人の友情には全く関係がない」と強調し「文部大臣の指示で、ドイツ人教師は希望すれば戦争勃発後に職に留まることができる、各校長はドイツ人教師に対して学校内外で従来と変わらず丁寧に応対すべきであること、そしてここに留まるドイツ人を公平に扱うようにという通達を国立学校に送りました」と伝えてきた。

ソフィー・ビュットナー
（熊本大学五高記念館提供）

ビュットナーは、当時の文部省や学校側の対応について「私が敵国で各方面から得たような親切で礼儀正しい気配りは、他にはどこを探してもあるまい」と感想を漏らしている。

生徒たちも、開戦後の方がかえってドイツ語の勉強を熱心に励むようになった。自由題のスピーチや作文では、ドイツ人に対する共感やドイツ軍の勇敢さを称賛する生徒もいたという。

彼女もまた、休み時間を返上して熱心に指導した。日曜日も午後二時から四時までを面会時間と定め、私宅で課外指導をした。松浦校長も九月の始業式で、壇上から「敵国に留まって授業をしようとしていることに大いに感謝すべきだ」と生徒たちに訓示した。

七高では、吉田賢龍校長がビュットナーの後任教師、オスカール・クレスラーに対して、細やかな配慮をしている。クレスラー夫妻は夏休みで霧島温泉に出かけていたが、警察は彼らの財産没収の手配をした。同僚の天野貞祐に言わせると、日本政府が「片手で支払った俸給を同じ政府が片手で取り上げた」のである。

この無法さに吉田校長は憤慨した。ひそかに銀行の支店長と交渉し、彼の貯金を引き出すと、ドイツ語科主任教授と天野にその現金の届け役を命じた。

ところが、二人が警察の監視の目をくぐって夫妻に届けると、同席の夫人が言下に「秘密のお金を持ちたいと思わない。校長の好意はありがたいが持って帰ってほしい」と受け取らなかった。天野らからの報告を受けた校長は、それでも所信を変えずに知事に談判して、現金の保管を要請、戦後、それを本人に返したという。天野は「校長が不道義に屈しない正義感と外人にしかも敵国人に対する愛情とには、感激せざるを得なかった」と校長の采配を称賛している（『天野貞祐全集』第五巻）。

ドイツ人捕虜を人道的に扱かった俘虜収容所

日本に収容されたドイツ人捕虜たちはどんな扱いを受けたのだろうか。当初、国内に設置された収容所は、東京、静岡、名古屋、姫路、松山、丸亀、徳島、大阪、福岡、久留米、大分、熊本の一二カ所である。

熊本への移送は大正三年一一月の第一陣四三二人に始まり、最終的には六五一人となった。人数は、福岡収容所の八五〇人に次いで全国二番目に多かった。

熊本では、映画『バルトの海』（日本初のベートーヴェン交響曲「第九」演奏）で有名になった徳島県鳴門市の坂東俘虜収容所のような施設は建造されなかったが、捕虜に対して、ドイツに比べると、ハーグ陸戦条約（一九〇七年）などの国際法規に則り人道的な取り扱いをしている。

将校クラスは、熊本市南千反畑町の熊本初の洋館「物産館集議所」（現在はＪＡ熊本県会館）、下士官や兵卒は、熊本市西部や西南部に散在する長国寺や妙永寺など九カ所の寺院に分散収容した。これらの寺院には、新たに便所や浴室、洗面所などが作られ、近くに炊事場も新設された。

また一般人の立ち入りを防ぐために寺院の周りに竹矢来が設けられた。五高生がドイツ語を勉強しようと押しかけたため、竹矢来を二重にしたとの逸話も残っている。

「九州日日新聞」（熊本日日新聞の前身）の記事によると、捕虜たちは護衛の下に買い物や水前寺公園、金峰山など周辺地域への遠出も許された。将校には給与（兵士は日払い）が支払われ、将校夫人たちの面会や差し入れも許可された。

ビュットナーの周辺は、ドイツの敗北でにわかに慌ただしくなった。彼女は青島からドイツ人捕虜がやってくるとの知らせを聞くと、駕籠一杯にオレンジやミカンを買い、ドイツのサンドケーキやクリームケーキを焼き、何冊かの読本を選んで収容所への差し入れ準備をしている。この時は出発前に速達が舞い込み、「東京の陸軍省の許可証なしには捕虜を訪問することは出来ない」ことを知らされた。それでも、許可証を取得していた宣教師に頼んで、食料品とともに将校用、病人用、健康な兵卒のために救恤《きゅうじゅつ》品を三つに分けて届けている。

面会にも頻繁に出かけた。将校たちは大きな部屋を共同で使用しており、ヨーロッパ風のベッドを持ち込み、各人がカーテンで仕切って家具を好きなように置いてすごした。ビュットナーは、手紙で必要なものを伝えてくれれば可能な限り準備した。ある下士官は、代数や数学の本を求めた。バイオリンなどの楽器と共に、サラサーテやグリークなどクラッシックの楽譜も差し入れた。ある将校からは、青島攻防戦で一緒に戦った大きな犬を預かってほしいと頼まれ、宣教師に世話を頼んでいる。

将校夫人が来熊すると、ますます多忙になった。ある海軍将校夫人は、青島攻防戦を前に息子と一緒に北京に逃れたが、息子が死んで淋しくてたまらない。そこで、六人の将校夫人と一緒に熊本で家を借りて生活を始めた。ビュットナー宅はそんな婦人たちの集まりの場所となり、まるで蜂の巣のような騒々しさのなか、捕虜たちに差し入れるパンやケーキを焼いた。

クリスマスには町中を探し回り、植木屋で見つけたモミの木を掘り出して、蠟燭を飾り、ケーキを一杯詰めた駕籠とモミの木を収容所に届けた。ドイツ皇帝誕生日などの祝日もささやかに夫人たちと祝賀の会を催したが、日独開戦前に行なっていた、日の丸旗と二本交差してドイツ国旗を飾ることはしなかった。

熊本俘虜収容所は、大正四年六月九日に捕虜全員を久留米に移送し、閉鎖された。ドイツ兵の日本での収容期間は足掛け六年に及んでいるが、熊本は七カ月足らずで終わり、国内で最も短い収容期間だった。将校夫人たちも後を追って福岡へ旅立った。

ビュットナーは熊本でのたった一人のドイツ人になった。彼女が五高に別れを告げたのは、任期満了前の大正四年六月二五日である。望郷への思いに駆られた帰国だったが、土砂降りのなか、熊本駅には友人や知人がお別れを言うために集まってきた。「何百人もの学生のさようならの声の中、私の（乗った）汽車はゆっくりと長崎港へ向かって出発した」と記述している。

第一次世界大戦は、日本の青島制圧後も全ヨーロッパを巻き込んで続いた。

熊本市営小峰墓地には、熊本日独協会の創立四十周年に「日独友好の礎」として、捕虜収容中に病死した水兵、カール・シリング（大正四年四月一五日死亡）の墓が、熊本医学校教師のドイツ人、オイゲン・ガンテルの墓と並んで建てられている。今日ではこの墓所だけが、日独戦争と熊本でドイツ兵捕虜の世話に明け暮れたビュットナーの様子を想い起こさせる唯一の場所になっている。

八章　畏敬の念を抱かれたドイツ人教師、力量を問われた英国人教師

第一次世界大戦は、大正七年（一九一八年）に連合国側の勝利に終わり、翌年から始まったパリ講和会議を経て、同年六月二八日、ドイツ代表団がベルサイユ宮殿で講和条約（ベルサイユ条約）に調印した。

終結できたのは、米国の参戦、ロシア革命の勃発、ドイツ帝政の崩壊（共和国家成立）に加え、世界中に猛威を振るったスペイン風邪の大流行も影響したといわれている。一千万人以上の未曾有の戦死者を出したヨーロッパに「平和」が戻った調印式の日は、大戦勃発の導火線となったサラエボ事件（オーストリア皇太子暗殺事件）が起きてから五年目だった。

敗戦国のドイツは、すべての海外植民地を失い、領土の一部を割譲されたほか、軍備の制限、多額の賠償金の支払いを課せられた。一方的に戦争責任を背負わされた条約内容に「あまりに過酷な内容だ。悪いのはドイツだけか」と同情の声も上がった、といわれている。

日本は、パリ講和会議に西園寺公望を首席全権とする代表団を送り込み、重要政策を決定する最高会議のメンバー国として、米国、英国、フランス、イタリアの列強諸国と共に討議に参加した。

東京帝国大学独法科を卒業し、外交官生活をスタートした重光葵（明治四〇年卒、大分県出身）も、領事を務めていた米国西海岸ポートランドで電命を受け取り、サンフランシスコで日本全権代表団と合流、日本全権委員随員（平和条約実施委員）としてパリ会議に臨んだ。故郷に住んでいる母親の重篤を知りながら、見舞いに行けず「国家の為に晴れの舞台に立つのは男子一生の面目である、さぞ満足してくれるだろう」と信じて、日本の空に向かって拝礼した。

母親の死去はパリ会議の終末期に伝えられる。「あれは御国のために差し出してあるのだから、御用とあらば会わなくても心残りはない」というのが母の最期の言葉であった、という。

重光葵

重光葵著『外交回想録』によると、重光は大分県三重町の漢学者、重光直愿の二男として生まれ、伯父重光彦三郎の養嗣子となった。漢学者だった父から幼少の頃、教育勅語の暗唱を命じられ「これから日本は世界に飛躍せねばならぬ。自分（父）のように漢学等をやるようなことではいかぬ。大いに英語を勉強するがよろしい」と諭されていた。

杵築中学校を卒業後に五高独法科に入学したのも、中学時代から外交方面に進みたいとの志を立てていたためである。

「そのためには法律を修めなければならぬと聞き、熊本五高の独法科に入った。当時、法律といえば、独法が一番よいということになっていた。五高在学中には、特にドクトル・ハーンにドイツ語の指導を受けた」

フリードリヒ・K・A・ハーン
（熊本大学五高記念館提供）

ドクトル・ハーンというのは、ドイツ人教師フリードリヒ・K・A・ハーン（ドイツ語、ラテン語担当）のことである。ベルリン大学で哲学を学び、ハレ大学で哲学博士を受位後、一年間、軍を志願し、予備少尉となる、ドイツエリート教養層の典型的な経歴だ。重光は緒方大象（明治四〇年卒、生理学者）と共に、ハーン教師にドイツ語を鍛えられた成績優秀な特待生だった。

在学中には、外交官、栗野慎一郎（のちの駐仏大使）の子息が、文部省の特例によって一高に転学を許可されたことから、同級生の大川周明（右翼思想家）らがリーダーとなって、反対の狼煙を上げた一高側に呼応し、「校長問責、教頭排斥」を求める二日間の同盟休校に入った。この文部省相手の大喧嘩に、重光がどんな態度を示したかはわからないが、同じ特待生の緒方大象は同盟休校に反対している。

重光は、東京帝国大学でドイツ人のレーンホルム教授にドイツ語の指導を受け、外交官試験もドイツ語で受験している。五高から一高に転じた栗野慎一郎の子息も外交官を目指し、外務省に同期入省した。省内で二人が青臭い激論を交わしていたため、当時の課長に叱られたこともあったという。重光は見習い期間が終わると、外交官補としてベルリンに派遣され、二年余をすごした。

英国デモクラシーに目を開かれた外交官重光葵

重光が外交官生活を始めてから大きな衝撃を受けたのは、日独開戦直後にベルリンを離れ、英国ロンドンの日本大使館三等書記官に任ぜられた時であった。

重光は、その時の昂ぶる気持ちを綴っている。

「西洋といえば私のいままで習得したもの、すなわちドイツが西洋と考えていた。ベルリンに在勤中も私はベルリン大学のリスト教授の国際法を聴講したりしていた。ところが戦争の勃発で偶然にもロンドンに来てみて私は初めて眼を開かれたような感じがした。今まで西洋、あるいはヨーロッパというものをドイツとドイツ語を通して見ており、このドイツを通して見たものを西洋だと思っていた」

「ロンドンに来て…（略）…今までの考え方がいかに狭隘だったかを考えて心から恥じ入った。ドイツ的軍国主義とは正反対の英国のデモクラシー、そしてこの英国的デモクラシーが世界を支配しているその原動力、その歴史を見極めようと、私は公務の余暇は全力でこれに注ぐ決心をした」

重光は以来、英国で英語習得に励み、米国ポートランド領事に転任後はフランス語を猛勉強し、パリ講和会議に臨んだ。

上海事変の外交処理に当たっていた折には、天長節祝賀会場で爆弾テロに遭い、片足を切断した。その後、ソ連、英国、中国の各大使、さらに東条内閣、小磯内閣の外務大臣を務め、敗戦後はミズリー号で降伏文書に調印、そして極東軍事裁判のA級戦犯として逮捕された。戦後の鳩山内閣時代に日本民主党副総裁、外務大臣も務めている。

今日重光は、太平洋戦争の回避に全力を尽くした隻脚の外交官として、国際的にも高い評価を受けているが、彼にとっては第一次世界大戦時の体験が外交官としての原点だった。

第一次世界大戦が開戦した大正三年から終結までの期間は、国内に社会矛盾が広がり、大正デモクラシーの波が押し寄せた。こうした民主主義的な政治思想や運動は、大正政変当時の護憲運動から始まった「政党政治の確立」「普通選挙制度の実現」の潮流の渦の中にあるが、同盟国から自由主義、人道主義、民主主義、マルクス主義思想がもたらされ、旧制高校生や大学生、知識人ら日本の教養エリート層に大きな影響を与えたことも間違いない。

大正デモクラシーの昂揚は、東京帝国大学教授、吉野作造が雑誌『中央公論』（大正五年一月号）に発表した「憲政の本義を説いて其有終の美を済すの途を論ず」という論文に始まる。内容は、第一次世界大戦の特需景気などにより、甘い汁を吸う資本家たちの状況や無産階級の置かれた厳しい現実を踏まえながら「政権運用の終局の目的は一般民衆のためにあるはず」と明治以降の伝統的な政治学説「君主主義的国家主義」を批判し「民本主義」を掲げたものだった。大戦勃発期にドイツに留学していた河上肇も、帰国後に『貧乏物語』を出版し、大きな反響を呼んだ。

大正六年には、米国の参戦やロシアで二月革命が起こり、思想界にマルキシズムなど新たなうねりが起こった。七年に入ると、インフレによる物価高騰が深刻化した。シベリア出兵をきっかけに米騒動が全国各地に広がり、労働争議、小作争議も活発になる。東京帝国大学に左翼思想団体「新人会」が結成（二月）され、五高をはじめ各高等学校に、自治精神を身につけ、社会矛盾に目を向ける学生たちが生まれてくるのもこの頃である。

『五高七十年史』は、高校生たちの様子を伝える、貴重な記録である。編纂者の五高国漢担当教授、高森良人（大正四年卒、熊本県出身）は、この時代を「マルキシズム隆盛への過渡期」と位置付け「大正四年から数年間は、龍南思想史上の転機とも称すべく、樗牛、漱石、白村、玉堂、ニーチェ、ベルグソン等の著作が愛読され、自我の拡充が叫ばれ、演壇に於いては、主として思想問題が賑やかであった」と記している。

寮生たちの日々を綴った『続習学寮史』の記述もまた「主義思想あけぼの時代」と謳っている。「龍南史思想史上ならびに習学寮気風史上、注目すべき転換時代であった。前半は樗牛のものが最も読まれたが、後期になると、厨川白村や芥川龍之介全盛時代に入り、武夫原の爆竹と一升徳利の徘徊時代から新しい時代へ推移する転換期、更に換言すれば、奮い剛毅木訥から文化的剛毅木訥へ移行する中間時代であった。自由闊達な素朴な最後であり、且唯物的理想主義思想の曙であった時代。之がこの六ケ年の特徴である」

旧制高校の規範文化「教養主義」が、「マルクス的教養主義」に移行しつつあった時期だった。生徒たちは、大正デモクラシーの自由な雰囲気のなか、人生を語り、哲学を論じあった。生徒たちに人気のあった書物に、ニーチェの哲学書、倉田百三の『愛と認識の出発』、西田幾多郎の『善の研究』、河上肇『貧乏物語』、トルストイやゴーリキーの全集もの、等も挙げられている。「猛烈に本を読み、人格を形成した三年間だった」と当時を振り返る卒業生は多い。

ドイツを通して西欧社会を見ていた生徒たち

重光葵は第一次世界大戦の勃発によってドイツを離れ、英国に勤務地が変わった。そこで彼が目の当たりにしたのは、英国のデモクラシー社会の姿であった。それは、ドイツを通じて世界を見ていた重光にとっては、「西欧社会を見る目」を大きく変える出来事であった。

ところで五高生らは、重光葵のように、ドイツの敗北を契機に、西洋文化をもたらしてくれるドイツ語教師やドイツ文化に対する見方に変化が生じたのだろうか。

結論を急ぐと、答えは「ノー」である。生徒たちのドイツ語修得にかける情熱も、ドイツ語教師に対する畏敬の念も変わらず、友好感情を損なうようなこともなかった。

旧制高校では生徒たちが口にする言葉にしばしば外国語が使われるが、その大半はドイツ語である。あこがれの高校生になったら、ドッペル（落第）オンケル（おじさん）が、皆に尊敬されている。可愛いあのメッチェン（娘）。配属将校のゾル（軍人）は威張っている……といった具合である。

第一外国語を英語専攻にしている生徒たちも入学後に「ドイツ語」を第二外国語で学び、社会のエリート教養層の仲間入りができたような、誇りや高揚感を覚えたに違いない。教壇に立つドイツ人教師も、品性のある魅力ある教師陣だった。そこには大戦勃発時にベルリンで留学生らに見せた、あの不愉快なドイツ人の姿はなく、恰好のいい先生の姿があった。

五高のドイツ人教師を見ると、大正時代はドイツ人捕虜の世話に奔走したソフィー・ビュットナー女史の後任にウイルヘルム・グンデルトやフランツ・ヒューボッターが教壇に立っている。グンデルトのプロフィールは次章で紹介するが、二人に共通していることは、重光が指導を受

ヒューボッター
（熊本大学五高記念館提供）

けたドクトル・ハーンと同様、ドイツのエリート教養層として華やかな経歴を持った人物であることだろう。

ヒューボッターは、ドイツ・ワイマール生まれ。父親は高名な宮廷俳優、母は高級将校の娘である。少年時代からヘブライ語、ポーランド語を学んで東洋語の研究を進める一方、イェーネ、ベルリン、ハイデルベルグ各大学で医学を修め、医学博士となった。また中国語、満州語の研究の傍ら、ベルリンやロンドン、パリで医学活動を続けた。さらにアラビア語、トルコ語、ペルシャ語、シリア語、チベット語を習得し、ベルリン大学で医学史講座を担当している。まさに驚くべき語学万能の才人である。

五高赴任のきっかけは、ベルリンに留学中の一高教授、大津康教授の推薦である。大津は「風采も宜しく且つ温厚なる紳士で、語学教師に勿体なきように候えど……」と五高に手紙を送っているが、ヒューボッター本人は「元来医者である私が語学教師に就任することは一見奇異に思われるかもしれませんが……有名なドイツ俳優の息子として私自身、修辞学をいくらか修行し、明瞭で正しい、全く訛りのないドイツ語を発音します」と五高赴任に強い意欲を見せている。

津々見仙甫（大正一五年卒、大分県出身）によると、教師ヒューボッターの人物像は、次のようなものだ。

大正14年に理乙の生徒と共に撮ったヒューボッター先生の送別記念写真

「風貌は、鉄ぶちの小さな眼鏡をかけた偉丈夫だった。医者をしていた父がローベル・コッホの肖像画を診察室にかけていたので、あの絵そのままの人がいると強く印象付けられた。ベルリン大学で医学史の講座を担当され、臨床医としても外科医としても研鑽を積んだ医学博士であることを知り、我々医学コースの生徒のあこがれの的だった」

ヒューボッターは英語でドイツ語を教える授業で、ゲーテやシルレルの詩など多彩な教材を使って生徒を魅了した。

「マッチ売りの少女の話などでは、眼鏡の下の青い目から悲しい光を帆とばらせて、私たちの目をじっと見つめながら話してくれた」「熊本の音楽会のステージでハイネ作詞の『二人の擲弾兵』を唄われたことを聞いて、授業中にせがんだところ、教壇の一角に立って歌ってくれた。敗戦ドイツ人の気持ちが出て全身火の玉の如く、一同粛として聞き入ってしまった」（『龍南回顧』）

ヒューボッターは五高退職後に中国に渡り、プロテスタント系伝道病院で医師として活動中に中国共産党に逮捕され、死刑判決を受けた。その後釈放され、ドイツに帰国後、病院を開設して針灸療法を実施し、中国医学史の研究に生涯を捧げた。

生徒たちが書き残した「思い出の記」を読むと、ヒューボッターが如何に畏敬の念を抱かれていたかがわかる。ドイツの敗戦後も、旧制高校ではドイツ文化が生徒たちに大きな影響を与え、生徒たちがドイツ人教師やドイツ語習得を通して西欧社会を見ていたといっても過言ではない。

英米系外国人教師の前途に時代の暗雲

英米系教師に対する生徒たちの対応はどうだったのだろうか。五高に見る限り、ドイツ語教師の採用に比べて、教師確保に苦労していたことがうかがえる。この背景には、英米系教師にはキリスト教関係者が多く、ドイツ人教師のように日本で学問的な成果を目指す教師が少なかったことが挙げられよう。学校側が外国人教師に求めたのも「英語会話」の指導であった。また給与も、こうしたことを反映して、かつての国のお雇い教師のように高額で招請することができなくなっていた。

一方で、日本人英語教師の学問的な識見や言語学的なレベルは高かった。生徒たちも、英語会話の力をつけることよりも、帝国大学へ進学するための「英語力——成績」に関心が高かった。この結果、英文学などの学問を志す生徒にとっては、教壇に立つ外国人教師の英語指導に、ある種の物足りなさや失望感を抱いていたのかも知れない。

大正時代、五高の外国人英語教師は四人である。このうち米国人は、女性教師のキャサリン・G・ウッドロウ（在籍、大正三年八月〜四年六月）、宣教師のD・S・スペンサー（在籍、大正一四年九月〜一一月）、九州学院教師L・S・G・ミラー（在籍、大正一四年九月〜一一月、昭和一二年四月〜七月）の三人である。いずれも短期間の在籍だった。

もう一人の外国人英語教師は英国人のウイリアム・N・ポーター。彼は大正五年八月から一四年三月までの八年余りの長期にわたって教壇に立った。

スペンサーとミラーの略記はここでは省略するが、ウッドロウはドイツ人教師のビュットナーに次ぐ二人目の外国人女性教師である。米国・ボストンに生まれ、オハイオ州のウエスタン・カレッジに入学後にシンシナティ、ニューヨーク、ベルリンで英語、英文学、音楽、弁論術を専攻したあと、オハイオ州ハミルトンで外国人子弟のための学校で英語と朗読法を教えていた。

五高校内の外国語演説会でマコーレの詩を朗読したことが伝えられているが、授業の模様などの思い出話は余り伝わっていない。が、美人教師だったことが生徒たちの話題になったようで、『龍南回顧』には、校舎の外で先生の姿を見つけると「エーゾエーゾ」と冷やかしの野次を飛ば

ウィリアム・N・ポーター
（熊本大学五高記念館提供）

したことが記載されている。

ポーターは異色の経歴の持ち主である。アイルランド・ウェーリントン生まれ。カレッジ卒業後にアイルランドのベルファースト海軍造船所で五年間徒弟修業についたあと、一〇年間、ベルファースト、ニューポート、グラスゴー、ポートランド、サンフランシスコ、リヴァプールで造船製図技師として軍艦や商戦の設計に当たった。この間、日本海軍の軍艦「朝日」の図案作りに参画した。リヴァプールで造船図案を製作する会社を経営したが、一九〇八年（明治四一年）に会社を辞め、オックスフォード大学で日本語研究生活に入り、百人一首の英訳、『土佐日記』、『徒然草』などの英訳版を出版、その後、来日して神戸第二中学校英語教師を経て熊本にやってきた。外国語演説会で「英国公立学校生活」をテーマにジェスチャー交じりの流麗な声量で生徒たちを圧倒した。個性あふれる教師だったが、生徒側から教師の力量を疑うような声も出ている。

例えば、森本忠（大正一二年卒、熊本県出身）のポーター評は次のようなものだ。

「五高時代には、ポーターという船員上がりの教師がいて、大して教養のある人とも思へなかった。日本語は大して分からず、ただ徒然草を譯しているとかで、中世の文章の片言を知っていたらしく、或時婦人がボンネットをかむって出かけるという英語を『烏帽子かむり行きませば』と訳して生徒達を喜ばせたが、これが後にも前にも初めて彼の口から聞いた日本語だった。我等もいい加減からかっていた」(『僕の天路歴程』)

英文学者、国津道雄氏は、平成一一年に『全国五高会会報』第八九号に「旧制第五高等学校外国人教師に関わる調査・研究」レポートを掲載している。ポーター英訳の『徒然草』と日本文学、日本文化の研究家、ドナルド・キーン氏(故人、ケンブリッジ大学、東北大学、杏林大学名誉博士)の英訳を比較しているもので、そこにはポーターの英訳は「逐語訳的であるだけに格調が高い」と記している。

両者の『徒然草』英訳の学問的な評価について論議できる識見も持ち合わせていないが、奇異に思えるのは、ポーターに指導を受けた森本忠が悪意すら感じさせるほどの辛辣なポーター人物評をしていることである。それは何故だろうか。当時の生徒たちが、英語担当の外国人教師に対して、英会話の指導だけでは物足りなくて、学者としての識見や力量をポーターに期待していたのかもしれないが、やっぱり気になるところである。

森本忠の在学時代五高では、林房雄(大正一二年卒、大分県出身、小説家、本名後藤寿夫)を中心に東大新人会の影響を受けて、「社会思想研究会」が発足し、マルクス研究が盛んに行われていた。一方で、大川周明に影響を受けた生徒たちが右翼思想グループ「東光会」を発足し、黒紋付を羽織り、太い白緒の杉下駄を履いた、いかにも国士風のいでたちの生徒たちが跋扈していた。

『万葉集』の研究など日本の伝統文化への回帰の思想も生まれていた。そんな学内の騒然とした思想対立状況が、ややもすれば英米系教師を見下すような、排外主義的な雰囲気を生みだし、森本忠らを突き動かしたのかもしれない。

森本忠は東京帝国大学英文科に進学し、卒業論文はドイツの詩人ゲーテを英語で論じた。また上林暁（大正一三年卒、高知県出身、作家、本名徳広巌城）ら五高時代の仲間たちと同人誌『風車』（昭和二年五月創刊）を発行した。この雑誌は、四年後の昭和六年に伊藤整（作家）らが発刊した『文芸レビュー』と合併して新雑誌『新作家』に発展し、左翼主流の帝国大学文壇に新風を吹き込んだ。その後、森本忠は、教師生活や朝日新聞社記者を経て、戦時中に設立された大日本言論報国会常務理事を務め、戦争に協力的な評論家を中心に戦争遂行キャンペーンを展開した。戦後、熊本の私立大学で教官生活を送りながら作家活動を続けた。

時代が前後してしまったが、日本外交は第一次世界大戦下の対独戦争によって「最小のコストで最大の利益」を上げた、といえよう。ドイツ領南洋諸島の占拠に加え、中国が強く返還を求めたドイツの租借地・膠州湾（山東問題）に関しても、ドイツの条約上の権利を継承することに成功した。しかし、一方的にドイツに戦争責任を押しつけたベルサイユ体制下、日本は強く返還を求める中国と対立し、排日運動に一段と火をつけ、泥沼の日中戦争に突入していったことも忘れるわけにはいかないだろう。

欧州では、ドイツのナチス誕生の遠因が作られた。そして日本にもたらされた民主主義的な思想や運動（大正デモクラシー）は、やがて時代の厳しい制圧に押しつぶされ、国民的な国際的な視野の狭さや貧弱さも手伝って、日本ファシズムに呑み込まれていく。外国人教師の前途にも暗雲が覆い始める。

九章　ヘッセの従弟、日本学者グンデルトの生涯

ドイツ人教師の一〇代目、ウイルヘルム・グンデルトは、後年、ナチス政権下、ハンブルグ大学総長となり、ドイツにおける日本学の最高権威となった。反戦主義者で知られるノーベル文学賞作家、ヘルマン・ヘッセの従弟である。ヘッセの青春小説『車輪の下』では、ヘッセがグンデルトの父親が買い求めていたブドウ園でグンデルト兄弟と一緒に川遊びなどをした、懐かしの風景が舞台になっている。

ヘッセの内面の世界を描いた思想小説『シッダールタ』は、釈尊の出家前の名前を借りたバラモンの青年が、出会い、別れ、再会を経験し、悟りの境地に達する苦行の日々を綴った求道的な作品である。第一部は、フランスの文豪ロマン・ロラン（ノーベル文学賞受賞者）に、ヘッセが苦吟の末に完成させたといわれる第二部は、グンデルトに献呈された。この献辞は、のちに削除されるが、東洋思想に関心を深めていたヘッセにとって、仏典などの研究をしていたグンデルトの

存在が、執筆当時、如何に大きな影響を与えていたかを物語っている。

内村鑑三に魅かれ来日、新潟で伝道生活

グンデルトは一八八〇年（明治一三年）四月にドイツのシュトゥットガルトに生まれた。祖父はヘルマン・グンデルト。インドで活躍した宣教師で、マラヤラム語の辞書を編纂したインド学の権威だった。

ヘッセ同様、祖父の影響を受けたグンデルトは、チュービンゲン大学付属国立新教神学校、ハレ大学、チュービンゲン大学で神学、哲学を研究、さらに神学就職試験を受けて、ヴュルテンベルグ教会牧師の資格を得た。このあと、ドイツ伝道学生団体やドイツ・キリスト教学生協会の書記を務めた。

ウイルヘルム・グンデルト
（熊本大学五高記念館提供）

日本に惹かれたのは、一九〇二年にデンマークで開催された国際基督教学生会議で内村鑑三の弟子、宍戸元平と知りあい、内村鑑三の著作『余は如何にして基督信者となりし乎』を読んだことがきっかけといわれる。グンデルトは同書を知人の助けを借りて翻訳、父が経営していた書店から出版した。

明治三九年に来日した彼は、日本語を修め、同年一一月

から内村の伝道活動を手伝いながら、第一高等学校のドイツ語臨時講師を務めた。婚約者のヘレーネ・ボッセルトと大みそかに結婚し、内村の生家の向かいに住んだ。しかし、東京で生まれた長男を生後一年足らずで失ったことをきっかけに伝道活動に入る。「伝道の為に来日したはずなのに、高給をもらって安逸な教師生活をしている」との反省があった。

明治四二年三月に一高を退職すると、内村鑑三が展開していた無教会のキリスト教伝道のために、千葉県鳴浜、岩手県花巻、長野県上諏訪、新潟県大鹿など各地を転々としたのち、四三年六月から大正四年七月までの五年間、新潟県村松町（現在の五泉市）に移り住んだ。

真言宗禅院の僧侶が茶室にしていた家を借りて山羊や鶏を飼い、地域の農民と同じように、股引をはいて畑仕事をする質素な生活だった。

一方で、『聖書之研究』の読者を組織化していた教友会を中心に内村の無教会基督教の普及に努めた。夏になると、浴衣姿で日曜集会などのお知らせのチラシを貼って回った。新潟県新津地域振興調整会議発行の『ふるさとの誇り一〇〇話』は、村松時代のグンデルトの様子を次のように紹介している。

「庶民と同じく粗食を摂り、井戸水で顔を洗い、夏は浴衣姿であった。子供は三人あり…（略）…子供たちも麦の方が多いご飯を食べ、畳の上で育てられた。（二男の）ヘルマンは、素足に下駄をはき、番傘をさして日本の子供と少しもかわらなかったという。「村人」には、グンデルトさんといって親しまれた」

グンデルトは、日本の古典文学や伝統文化、庶民の習俗、さらに仏教や神道などの宗教文化や精神文化の研究にも情熱を燃やした。謡曲の稽古もしているが、師匠である信者の歯医者さんが驚くほどの上達ぶりだったという。

村松郷土史研究会の渡辺好明氏は、レポート「ウィルヘルム・グンデルトの村松時代」(『郷土村松』)の中で、興味ある指摘をしている。グンデルトが村松で浄土真宗の信者たちと出会い、対話を続けているうちに「こういう深い宗教がある限り、もうキリスト教を布教する必要はない」と実感した、というのだ。

このくだりは、石井誠士氏が記した「グンデルト先生と一期一会」という文章から引用されているが、その通りならば、渡辺氏の文章は、グンデルトが村松の生活を通じて、キリスト教伝道の仕事よりも、「日本研究」の道に踏み込んだことの証左であろう。

五高に着任——高等教育の世界に新しい風

グンデルトが五高に赴任したのは第一次世界大戦下の大正四年八月である。以来、九年七月までの約五年間、週に二二時間ドイツ語を教えた。月給は三〇〇円。

一高を辞めた彼が再び旧制高校の教師になったのは、第一次世界大戦勃発に伴って敵国人の立場に立たされ、キリスト教の伝道活動で生活を続けることが難しくなったこともあろう。住居が兵舎近くにあったため「スパイではないか」との噂まで広がり、伝道集会に集まる参加者がいなくなった。生活を支えてくれた故国からの仕送りも途絶えた。そんなグンデルトに声をかけたのが、女性教師ビュットナーの帰国でドイツ人教師が不在となっていた五高だった。

五高では、日独関係が敵対関係にあっても、帝国大学に進学するために不可欠なドイツ語を教えるドイツ人教師の必要性は高く、生徒たちのドイツ人教師への畏敬の念も変わらなかった。グンデルトも、学校側の期待に応えて校内で開催される生徒主催の外国語演説会に出席し「如何にドイツ語を学ぶか」「ドイツの大学の美点」などのテーマで演説し、熱心にドイツ文化や歴史の紹介をした。温厚篤実な人柄、巧みな日本語に加え、日本の伝統文化にも造詣がある。たちまち、「グンデルト先生」と呼ばれ、生徒たちの人気者になった。

グンデルト来熊から三年後の大正七年一一月に第一次世界大戦が終わると、高等教育の世界には新しい風が吹いた。文相、中橋徳五郎によって、新たな「高等学校令」が翌月の一二月に公布され、高等教育機関の大拡充策が実施された。これにより国内では、明治期に設立されたナンバースクール八校に加え、八年四月に新潟、松本、山口、松山、九年四月、佐賀、水戸、山形、さらには一一月に弘前、松江、翌一〇年八月に福岡、東京、大阪、浦和の各高等学校設置が決まった。

これまでの大学予科は高等科（文科、理科の二科制）と名称が変わった。英語を第一外国語とする学科は甲類、ドイツ語を第一外国語とする学科は乙類、フランス語を第一外国語とする学科は丙類となった（五高に丙類は設置されず）。

修業年限は「三年制」となり、尋常中学四年からも進学できるようになった。また官立のほかに公立、私立高校設置も認められた。

中橋文相は大学令も公布し、大学側の受け入れ体制の充実を目指した。大正七年には北海道帝国大学を新設したほか、大正九年には東京高等商業学校が東京商科大学となった。

帝国大学への進学コースではないが、私立の有力な専門学校である慶応、早稲田、明治、法政、中央、日本、国学院、同志社などが相次いで大学に昇格したのも大正一〇年頃である。

高等学校の設置目的は「男子のための高等普通教育の完成」と謳われた。これは、旧制高校が大学から「独立した教育機関」であり、「人格形成の場」であることを宣言したものである。これにより旧制高校は、制度的に帝国大学へ進むエリートコースに位置付けられるとともに、従来、五高などのナンバースクールで展開されていた「未完の大器たちの人間つくり」が追認され、教師、生徒が一体となって、旧制高校の規範「教養主義」教育を展開することになった。

当時の状況は、第一次世界大戦終結後の深刻な不況の嵐に見舞われ、様々な社会矛盾が広がっていたが、学校内は生徒たちが革新の気概に燃え、活気にあふれていた。新たな高等学校令公布により高校受験が中学四年修了からできるようになったため、ひときわ若い秀才組の一年生がどっと入学してきたこともカンフル剤になった。

彼等に共通する在学当時の思い出を要約すると、次のようなものだ。

「我々は、寮生活で一歳も二歳も年齢の高い同級生と起居を共にするようになり、酒を飲んでもたばこを吸っても怒られるようなこともなく、急に大人になったような気がした。そこで伝統の弊衣破帽、バンカラの洗礼を受けながら、寮歌を歌った。が、その一方で、先輩に負けないように、文学、歴史、哲学、宗教などの人文関係の書物に読みふけった。運動に熱中する生徒も多かったが、どの生徒も、読書を中心に自己修養に努め、人格完成を目指すことは変わらなかった」


グンデルトもまた、旧制高校の新たな出発に立ち会った一人である。『続習学寮史』は、当時の寮生活の様子とグンデルトの教師像を次のように記している。

「寮の自治は理想的に進みつつあった。徳望ある益田、宮崎等の惣代の下に寮生はよくまとまり、学校も寛大で生徒課の干渉もなく、従って寮生にも不満はなかった。ドイツ語教師のグンデルト先生は、漱石の著書を独訳した有名な日本研究家であり、又「禅」の研究者でもあった。先生は人格高潔な人で、生徒の気受けもよく、寮生と散歩をし、寮生に新知識を與へ等して啓発したから、一般に進歩的学究的色彩が濃厚になって来た。…（略）…かかる次第で兎に角寮は、社会と全く遊離超越した別天地であり、正に夢幻的牧歌時代の最後であった」

グンデルトは、五高敷地内にある外国人官舎に住んでいた。寮生たちが運動場の武夫原《ぶふげん》で焚火

余滴

松の大樹に囲まれていた五高外国人官舎

熊本大学の南西区域（黒髪キャンパス内）に歩を進めると、樹木が茂った一角にクラブ活動の拠点、部室が見えてきた。プラスバンドのグループだろうか、トランペットの響きに交じって弾んだ会話が聞こえてきた。

明治三三年三月、この一帯に木造平屋建ての外国人官舎（教師館）が二棟建てられていた。『五高五十年史』には「教師館二棟八木造平屋造百九拾坪ニシテ……」とある。英米系教師とドイツ人教師が住んでいた。

筆者は、五高教授をしていた父親の関係で、戦後の一時期（小学二年から三年半）、外国人教師がいなくなった英米系教師官舎ですごした。隣接官舎との境界に用水路が造られ、プールの水を川に流していた。

正面玄関は西向き。玄関ホールから東側に廊下が伸び、左手に位置する中庭を窓ごしに見ながら廊下を北へ曲がると長い廊下。その廊下に沿って右側には三室の部屋とトイレ、突き当たりに浴室があった。

玄関ホール右手のドアを開けると応接ホールがあり、リビング、寝室と続く。暖炉の中には小さな松の木も生えていた。南向きのベランダに立つと、草野球もできるような庭が広がっていた。玄関北側には別棟があり、使用人用の居室や台所があった。屋根の上の煙突、暖炉、外側の洋風の下見板、ベランダの形状等から、五高記念館の資料には「コロニアルスタイルを基に設計された」と記してある。

建物は、昭和四三年に荒尾市にあるレジャー施設に移築され、「明治の家」として保存されていたが、平成三年秋の台風で壊れてしまった。後年、五高最後の米国人教師、クラウダー（故人）を訪ねると「官舎の周りの土手に松の大樹が聳えていた」「門から玄関に続く小道沿いに生えているゼンマイは私が植えた」と懐かしそうに話していた。今では松の大樹も切り倒されてしまい、石垣や草木だけが往時をしのばせている。保存されていれば国の重要文化財に指定されていたことだろう。

寮歌「武夫原頭」を高唱しながら乱舞する五高生（五高記念館提供）

を囲み「武夫原ダンス」を荒っぽく踊りながら寮歌を歌う青春の雄叫びは、官舎にも聞こえてきた。彼もまた、誘われるように官舎を出て、生徒たちの輪に飛び込んだことだろう。

禅との出会い——同僚教師たちと勉強会

グンデルトが初めて「禅」と出会ったのは五高教師時代である。大正六年秋に、五高仏教青年会（明治二五年設立、当時は大日本仏教青年会熊本支部）の幹事をしていた三年生の三枝博音（大正七年卒、広島県出身、横浜市立大学学長、鶴見事故で死去）が、大慈寺僧堂講師、沢木興道を新入生歓迎会の講師に招いたことをきっかけに、五高では「禅」への関心が急速に高まっていた。八年秋に開かれた沢木興道講話会には、グンデルトや澤潟久孝（京都帝国大学名誉教授）ら教師陣も顔を揃えた。

演題は「直下第二人無し——般若心経について」。会場に沢木の声が響き渡った。「諸君から食い気と色気を除いたら、何が残るか」。生徒たちは「天馬　空を行く」話しぶりに息を呑み、魅了された。

新入生の下村弥一（大正一一年卒、長崎県出身、東亜国内航空社長）は、沢木の講話に感銘を受け、以来、沢木の行くところ寺から寺へと一カ月も付きまとった。沢木もまた「五高生との出会いがわしの一生にとって重要な一転機であった」と、次のように書き残している。

「なんにも縛られていない五高生は何の遠慮もなく、会釈もなく、わしの型を引き破りに来た。だから、既成の型から出なければ、彼らの対手にはなれなかった。たぶん、草場君（草場純一）だったと思うが…（略）…一生懸命、仏教の説明をした。黙って聞いていた。『どうだわかったか』『なんにもわからん』、彼は唇をとがらせ、首を横にふんと振って、いとも無人情、無慈悲な返事をした。さすがのわしも全くがっかりさせられた」（『禅に生きる沢木興道』）

生涯、自分の寺を持たず、ひたすら求道の道を歩いた沢木もまた、人格形成のために真理の道を模索していた若き五高生の姿に「偉大なる雲水の姿」を見たのだろうか。

沢木は三重県津市一身田生まれ、幼少の頃、両親に先立たれ、一六歳で求道の道を志し、養父母宅の三重から歩いて曹洞宗総本山永平寺（福井県）の門を叩いた。大正五年に大慈寺僧堂講師（住職代理）に就任、大正一一年春に大慈寺を去り、一年間、熊本市内に大徹堂という参禅道場を開いた。その後、熊本市西部の万日山へ引っ越し、そこから全国に行脚し、禅の普及に努めた。のちに駒澤大学教授に招かれた。昭和四〇年一二月に死去した。

話が「禅あれこれ」に脱線してしまったが、当時、五高では、生徒たちだけではなく、教授陣も、仏典や禅に大きな関心を寄せていた。『第五高等学校佛教青年會沿革』、『五高五十年史』を参照すると、教授陣では、村上龍英（国漢）、澤潟久孝（国語）をはじめ、ドイツ語教授の坂田道男（ドイツ語）、宇佐美全賢（ドイツ語）、松尾精一（ドイツ語）らが、大慈寺（曹洞宗）の丘宗老師らを招いて、熊本市内の禅寺で仏典などの勉強会を開いていた。

この席にはグンデルトも参加した。同僚の坂田道男は後年、自伝『わが道わが家』の中で、ドイツにグンデルトを訪ねた際のやり取りを詳述している。

グンデルト「熊本にいたとき、川尻の大慈禅寺の丘宗潭老師のところに村上先生に連れられて二、三度行きました」

坂田「それなら広町の寺に丘老師をお招きして、宏智禅師の従容録を私たち教授グループでその提唱を聴いたときも一緒ですね」

グンデルト「そうです」

坂田道男は、五高退職後に衆院議員を経て、八代市長、八代名誉市長となった。長男は文部大臣、厚生大臣、防衛庁長官などを務めた坂田道太である。

グンデルトはとりわけ村上教授と親しかった。村上教授は仏門出身で、五高生時代に五高佛教青年會の前身である大日本佛教青年會熊本支部を創設した。その後、東京帝国大学哲学科を卒業し、母校の国漢担当教授となっていた。村上教授に伴われて大慈寺にたびたび出かけているが、神道研究のために福岡県筑紫にある筑紫神社も訪れている。

日独文化協会の初代主事、ナチス下のハンブルグ大学総長

グンデルトは大正九年七月に五高を退職した。その後、帰国し、ハンブルグ大学でカール・フローレンツから日本学の指導を受けていたが、一一年に再来日し、新設された旧制水戸高（茨城大学の前身）のドイツ語教師になった。

水戸高校には五高時代に大きな影響を受けた村上教授も転任していた。生徒には、キリスト教伝道活動でも有名な哲学者、小池辰雄（東京大学教授）がいる。

彼が再来日したのは、内村鑑三を頼って伝道のために来日した当時とは異なり、日独の文化交流、なかでも「ドイツ学界と日本の精神文化との接触の強化」を自分の使命にしていた。

水戸高校では、生徒たちの指導にとどまらず、日本学研究の傍ら日本人教師たちへのドイツ語再教育も引き受けた。流暢に日本語を話し、漢学も日本人以上に理解をしていたといわれている。

村松時代に学んだ謡曲の成果も遺憾なく発揮し、大正一四年には、学位論文『日本の能楽における神道』を発表し、ハンブルグ大学から文学博士号を授与されている。

昭和二年に水戸高を退職し、新たに創立された日独文化協会のドイツ側代表（主事）に就任し、二年間、日独文化交流に務めた。同協会の日本側会長は伊藤博精侯爵、理事長は高橋順次郎教授である。

この協会は、明治六年に日本や東洋に関する情報収集や学術活動を主眼に設立された民間組織「ドイツ東洋文化研究会」（略して、東洋協会またはＯＡＧ）とは異なり、ゾルフ駐日ドイツ大使が設立したものである。グンデルトはＯＡＧの理事も務めた。

グンデルトが日独文化協会に招かれたのは、リベラルな思想を持った「日本学」の権威としてゾルフ大使が高く評価していたため、といわれている。

帰国後は、昭和一一年から二〇年までハンブルグ大学で日本学の正教授、文学部長、大学総長を務めた。ドイツの大学で「日本学」学者が総長などの要職に就いたのは初めてだった。

しかしながら、グンデルトがヒトラー時代に総長へ就任したことからか、第二次世界大戦終結後に一時、追放の憂き目に遭った。

グンデルトに捧げられたヘッセの『シッダールタ』献辞が削除されたのは、反戦主義者ヘッセの従弟に対する無言の抗議だったのだろうか。

グンデルトは『日本文学史』『日本宗教史』『東洋の詩』等、多数のドイツ語著作を発表した。研究者たちは、彼の仕事の圧巻は中国の禅仏教の経典である『碧巌録』（臨済宗で尊重される代表的な公案集）を独訳し、第一巻（一九六〇年）第二巻（一九六七年）を出版したことにあると評価する。解説書『碧巌録独訳余話』も多くの人に読まれた。

翻訳者の上田閑照氏（京都大学名誉教授）は、グンデルトの『碧巌録』がキリスト教徒からの立場から独訳されたとの立場を踏まえながら、次のように記している。

「世界から禅がどのようなものとして理解されるか、またどうしてかということを知ることは、東西の触れ合いの中で禅が意義を自覚するための一つの新らしい問題と角度を与えてくれるであろう。双方互いに他を通して自己をあらためて深くすることが今日の課題である。筆者がいみじくも『碧巌録』を訳しつつ、キリスト教の根源を新らしく自覚した如くに」（『ウィルヘルム・グンデルト生誕百年記念特集』）

送別に「デカンショ」を歌った佐藤栄作

ところで、グンデルトの五高教師時代にどんな生徒たちが在籍していたのか、大正五年卒から同一二年卒までの卒業生名簿を拾ってみると……。

政治家では、戦後一二年間の「五高内閣」を作った池田勇人、佐藤栄作両首相をはじめ、山崎巌（文相、福岡県出身）、小林武治（郵政相、厚相、法相、長野県出身）、荒木万寿男（文相、福岡県出

身）、政治評論家の細川隆元（熊本県出身）、財界では前田一（日経連専務理事、佐賀県出身）、平島俊朗（三井物産社長、福岡県出身）、太田垣士郎（関西電力社長、兵庫県出身）、堀越禎三（経団連副会長、兵庫県出身）、浜口巌根（日本長期信用銀行頭取、高知県出身）、学者・思想家では佐々弘雄（九州大学教授、熊本県出身）、蓑田胸喜（右翼理論家、熊本県出身）、向坂逸郎（左翼理論家、九州大学教授、福岡県出身）らが名前を連ねている。

なかでも、昭和七年九月に池田勇人と一緒に入学した佐藤栄作は、独法政治科に在籍していたため、グンデルトにドイツ語を鍛えられた生徒である。グンデルトは五高最後の授業となった教室で『別れの曲』を歌ったあと「佐藤さん、デカンショを歌ってください」と注文した。

佐藤栄作は、困惑した。

「いくらなんでも教室で、デカンショを歌うわけにいかない。気がひけて断ると『ゆうべ私のそばで歌ったろう』という。仕方がないから、みんなでデカンショを歌った。先生も一緒にやる。授業中に教室の中で、机のフタをバタバタとやりながらデカンショを歌うのだから大変なものだ。そばで授業をしていた先生がびっくりして飛んで来ると、グンデルト先生を真ん中に囲んでデカンショを歌っているわけだ」（『今日は明日の前日』）

佐藤栄作はグンデルトの最後の授業を受け、大正一〇年に卒業し、東京帝国大学に進学した。

余滴

池田勇人も怖かった山形元治先生

オリンピックといえば、昭和三九年一〇月に開催された日本初の東京オリンピック閉会式の翌日（一〇月二五日）、政界に衝撃が奔ったことを覚えていますか。四年四カ月にわたって政権の座にあった池田勇人首相（大正一一年卒）が、突然、退陣を表明したのである。後継首相には、病室から同窓の佐藤栄作（大正一〇年卒）を指名した。以来、佐藤首相は七年八カ月の長期政権を誇った。

二人は、大正七年に名古屋で行われた総合共通選抜試験で初めて顔を合わせ、そろって五高に入学した。佐藤は順調だったが、池田勇人の方は一年落第した。毒舌家で知られた政治評論家、細川隆元（大正八年卒）によると、「（池田は）酒を飲むことと乱暴することしか知らなかったボンクラ組の一人」である。

実際、池田は悪童組のリーダーだったようだ。カメラを質草にして人力車で芸者遊びをしたり、悪童仲間と屋台を借りて、客の相手になってタダ酒を飲もうと画策したり……。とはいえ、落第のおかげで友人が増え、彼らが経済界の大物になって池田を支えた。何が幸いするかはわからない。

そんな池田にとって頭が上がらなかったのが、英語担当教授、山形元治（在職、明治三九年九月～昭和一五年二月）である。授業が始まると、閻魔帳（成績簿）を開いて生徒を指名し、生徒が答えられないと、黙って閻魔帳に落第の資料となる赤丸を書き込んだ。池田も、この先生だけは「おそろしかった」。答えられずに卒倒した生徒もいたとの逸話も残っている。

池田が大蔵省に入り、熊本国税局長に赴任した時のことである。意気揚々と母校に挨拶に出かけたまではよかったのだが、山形先生が口にした言葉は「へぇー、君が大蔵省の役人とはね。まさか雇員ではあるまいね」。

池田勇人の語録の一つに「俺が総理になったのだから、五高はいい学校に決まっている」がある。

佐藤栄作総理のノーベル平和賞受賞祝賀会（写真集『龍南の青春譜』より掲載）

池田勇人は一年落第したため、大正一一年に新高等学校令によって学科名称が変わり、第一外国語が英語の「文甲」第一回生として卒業し、京都帝国大学に入学した。卒業後は二人とも官吏となり、佐藤は運輸省事務次官、池田は大蔵省事務次官となり、ともに吉田茂門下の優等生として政治家の道に進んだ。

最初に首相になったのは、昭和三五年七月の日米安保条約改定後に退陣した岸内閣のあとを受けた池田勇人（首相在職四年四カ月）である。佐藤栄作は病床の池田勇人から後任指名を受け、三九年七月から四四年七月まで七年八カ月にわたって首相の座を務めた。沖縄返還によって、ノーベル平和賞も受賞した。

佐藤は首相在任中に熊本県八代市に母校の恩師、坂田道男を訪ねている。この時二人は、昼食を取りながら、グンデルトの話題に花を咲かせた。佐藤は昭和四四年、彼に「勲二等瑞宝章」を授与している。

グンデルトは東京大学名誉学位を受け、学士院名誉会員にも選出され、今世紀最大の東洋学者とまでいわれるようになった。

一〇章　「謎の男」になった英国人教師マーター

昭和期に英会話授業を担当した五高外国人教師六人（米国人三人、英国人三人）のうち、最も長く教壇に立ったのは、英国人講師ジェームス・G・デ・G・マーターである。

マーターは、昭和三年（一九二八年）四月から一二年三月までの九年間、外国人官舎で気ままな独身生活を送り、ユーモアに富んだ人柄で生徒たちの話題を一身に集めた。

生徒たちは官舎に押しかけ、もてなしを受けた。佐藤大介（昭和一〇年卒、兵庫県出身）によると「マーター先生は長崎の丸山だとか、神戸の福原といった色街のことを詳しく知っており、梅崎春生君（昭和一一年卒、福岡県出身、直木賞作家）などは、マーター宅に行って英語で猥談をしてきたと話していた」（『龍南回顧』）

梅崎は佐藤大介と一緒に入学したが落第したため、劇作家、木下順二（熊本県出身）と机を並べ、一緒に卒業している。木下は在学時代から英文学者の道を志し、秀才の誉れも高い、マー

（上）五高で最後の授業をするマーター　（右）神田慶也氏が所蔵するマーターの著書『GOKOSEI OF RYUNAN』（『五高その世界』より）

ターの良き生徒だった。後年、戯曲『夕鶴』などの名作を発表、国民的な劇作家となった。梅崎は勉強に身が入らず、『龍南会雑誌』に詩ばかりを書いていた。

マーターの生涯を追いかけてみよう。英国サザンプトン市に生まれた。祖父は英国陸軍大将、祖母はインド人、父は商船船長だった。中学卒業後の明治三四年に来日し、神戸、上海、天津などの商館で働いたあと帰国。明治四四年に再び日本を訪れ、江田島海軍兵学校講師を経て、大正三年に第八高等学校の講師になった。しかし、第一次世界大戦が勃発すると帰国し、歩兵少尉となって戦線に出かけ、負傷した。退役当時は中尉に昇進していた。

その後、オックスフォード大学に進学し、大正一一年に卒業すると、中学教師を経て、昭和三年に三度目の来日で五高英語教師になった。月俸は四二〇円。五高教師の傍ら、九州帝国大学法文学部で一年間英文学講師もしている。

卒業生のマーター評は「ともかく愉快な先生だった」に尽きる。長いすねを（ひざ下までの）ズボンから出して、ステッキを振り回しながら意気揚々と校内を闊歩し、授業をサボって芝生で寝そべっている生徒を見つけると、銃を構えるようにステッキを向けて授業への出席を促した。

マーター先生の自宅にて

しかし、生徒に猛勉強を促すようなことはなく、石田亮一（昭和一二年卒、福岡県出身、著述家）によると、授業中にバーナード・ショーの言葉を引用しながら「世界中の学校をつぶしてしまえ、そしてその金で生徒たちを旅行させよ。その方が余程勉強になる」と強調した。

機嫌のよい時には、授業中にチャールストンもどきの足取りで踊りながら「ゼア・フレンズ・アー・マイ・フレンズ」や「乾杯の歌」を唄って生徒たちを喜ばせた。

ロシア文学者、北御門二郎（昭和八年卒、熊本県出身）もまた「マーター先生がオールド・ブラック・ジョーを歌ってくれたことが忘れられない」と述べている。

北御門は、友人から借りて読んだロシアの文豪トルストイの作品『人は何で生きるのか』『イワンの馬鹿』をきっかけに、授業中にトルストイの名前を耳にしただけで涙が出るほど、トルストイに感化され、兵役拒否の思想を持つ反戦思想家になった。マーターの教え子からは、北御門や木下順二、梅崎春生ら著名な文学者や作家が輩出している。

小春日和の日々に衝撃の「二・二六事件」発生

マーターの前途には暗雲が垂れこめていた。大正天皇の崩御により、昭和時代に入った。元号の昭和は、四書五経の一つ、『書経堯典』にある「百姓昭明、協和萬邦」から引用されたもので、「国民の平和と世界各国の共存共栄」の願いが込められていた。が、その幕開けは、芥川龍之介が友人に残した遺書の言葉に象徴されるように、国民みんなが「ぼんやりした不安」の渦中にあった。

慢性的な不況下にある日本経済は、東京渡辺銀行の破綻（昭和二年三月）をきっかけに金融恐慌に見舞われ、翌四年一〇月には世界恐慌の嵐を受け、失業者があふれ、労働争議も多発した。

マーターが五高に赴任したのは、世界恐慌前年の昭和三年だった。この年は国民が待望していた第一回普通選挙が実施されたものの、時代は「飴と鞭の時代」に入り、共産党第二次大検挙をはじめとする思想弾圧事件も続発した。特別高等警察（特高）が設置され、日本ファシズムの足音が大きく聞こえていた。

昭和六年以降になると、一段と衝撃的な出来事が増した。同年九月一八日、中国遼寧省の柳条湖付近での謎の発砲事件をきっかけに関東軍が暴走、満州事変を引き起こし、傀儡政権「満州国」を設立した。

国際連盟臨時総会で「満州国」が承認されず、国際連盟を脱退したのは昭和八年三月である。（ドイツもこの年の一〇月に国際連盟とジュネーブ軍縮会議から脱退宣言しているが、これは日本に追随するものではなかった）。

ともあれ、日本とドイツが国際社会から「ならず者国家」とみなされ、世界の孤児となる道を進んでいたことだけは確かである。

ファシズム体制は確実に形成されていった。昭和六年の「三月事件」「一〇月事件」、昭和七年二月から三月にかけた血盟団（一人一殺をとなえた）による井上準之助や団琢磨暗殺事件、また同年五月、犬養毅首相が射殺された「五・一五事件」、一〇年には、軍内部の皇道派・統制派という二つの派閥争いの末に永田鉄山軍務局長が刺殺される「相沢中佐事件」（八月一二日）……。

そして昭和一一年二月二六日に「二・二六事件」が起きた。陸軍皇道派の青年将校二一人が激しい雪の降る未明、歩兵第一、第三連隊、近衛歩兵第三連隊の兵士一四五三人を率いて、首相官邸、内務省、警視庁などを襲い、斎藤内大臣、高橋是清蔵相、渡辺錠太郎陸軍教育総監らを殺害、侍従長鈴木貫太郎に重傷を負わせたのである。

昭和維新を掲げた軍人たちが右翼理論家、北一輝の影響を受けて、首都東京の制圧を目指して大規模なクーデターを企てたもので、四日後に天皇の勅命で鎮圧された。決起趣意書の筆頭人、野中大尉が自決したほか、その後の軍事裁判で将校一五人、思想的な指導者、北一輝が処刑された。この事態収拾に国民は胸をなでおろした。陸軍の無統制ぶりの暴露によって軍の権威も失墜した、と思った人もいただろう。

ところが現実は違っていた。軍部が、クーデター事件を起こした「皇道派」と対立関係にある派閥集団「統制派」一本に固まり、軍によって推し進められるファシズム体制が出来上がったのである。

政治学者、丸山眞男はこうした体制について「第一次世界大戦が終わった頃から始まった日本ファッシズムは、満州事変の前後から第二段階である「成熟期」に入り、「二・二六事件」まで続いた」と指摘したうえ、この期間が「軍部勢力の一部が民間のファッシズム運動と結びつき、ファッシズム運動の推進力となり、国政の中核を占拠する過程」と解説している（『現代政治の思想と行動』）。

事件後に成立した広田弘毅内閣は、閣僚人事をめぐって現役武官制度を導入した。日本は軍の意のままに物事が決まる「軍事国家」になった。

英国人教師マーターの目には、こうした日本の状況や五高生たちの様子がどのように写っていたのだろうか。石田亮一は、マーターと一緒に五高裏手の山に鎮座する、ラフカディオ・ハーンお気に入りの石仏の周辺を散歩したことがある。

その時マーターはこう口にした。

「ハーンは五高生にいじめられると、地蔵さんの肩を抱いて話しかけ、何故五高生が自分に辛く当たるのであろうかと嘆いていた。私も悲しくなると、ここで石仏に語りかけて一人で泣くのだ」

マーターがどんないじめを受けていたのかはわからないが、学校内で国士風の右翼学生が大手を振って歩く姿が目につく、そんな時代に入っていた。彼等は大川周明の大アジア主義に影響を受け、近代日本の西洋化に反発し、西洋諸国からのアジア解放を論じていた。彼らの見解に則れば、マーターの母国である英国は駆逐すべき国である。マーターが白眼視され、いじめを受けてもおかしくないような、排外主義的な空気がリベラルな学校内に漂っていたことも否定できない。

「二・二六事件」は、そうした時代状況下のクーデター未遂事件である。この日、木下順二は登校中にマーターに呼び止められ、同日未明に発生した「二・二六事

マーター先生も訪れたハーンお気に入りの石仏

件」のニュースを聞いた。

「二月二六日、五高の正門を入り、サインカーブとわれらが呼んでいたS字型にくねる桜並木を歩いて中門まで来たところで、私は英語のマーターさんに会った。マーターさんは、独身中老の陽気な英国人で、しかしその陽気さの波長が何となく剛毅朴訥を旨とするバンカラ生徒どもとうまく合わない。教室でも時々浮いてしまって、それが寂しそうに見えるのがなにやら気の毒で、私は自分の英文学志望ということとは別に親しくしていた。時々、官舎に呼ばれて西洋料理のご馳走になったりした。そのマーターさんから、その中門の所で、今暁起ったという二・二六事件のことを初めて聞いた。マーターさんは日本語ができなかったが、あの頃でも英語のニュースがあったのか、それとも誰かに聞いていたのか……」(『全国五高会会報』(自伝抄――三〇年代))

マーターが木下に話しかけた頃は、誰もが「二・二六事件」を知らない時間帯である。この日、ラジオでニュースが流れたのは、発生から十六時間後だった。

同じ頃、若手ドイツ語教授、丸山武夫(東京大学教授)も「二・二六事件」の発生を知らなかった。いつもの通り、自宅を出て出勤する途中、同僚の数学教授高津巌に出会った。「おはようございます。冷えますね」と声をかけると、高津が言った。「東京で何か大変なことが起こったようですね」。これが丸山が耳にした「二・二六事件」の第一報だった。高津も詳しい話は知らず、急ぎ足で学校へ向かった。

事件の様子が少しずつ伝わってくるにつれて、五高は暗く重たい雰囲気に包まれた。丸山は正月の夜、五高の精神修養団体「東光会」の生徒たちがやってきて、「先生、国のためでも殺人は悪いのか」と詰問したことを思い出した。首相・犬養毅を暗殺した「五・一五事件」の青年将校たちの憂国の情に共鳴、「財閥と結託した政党の腐敗、思想、道義の乱れが我慢にならない」というのである。丸山は即座に「人が人を殺していいはずがない」と答えたものの、生徒たちにまで「暴力」を容認させる風潮に暗澹たる気持ちにかられていた。このことはまた、五高生たちにとって「左翼の退潮とファッショの抬頭との間にはさまった、短い小春日和の時期」が終わりを告げたことも伝えていた。

木下順二は、当日の心情を書き残している。

「私はいつのまにか校庭の真ん中に立っている…（略）…その中に立って私は、ああいま歴史は、それがどの方向へ行っていいか分からないけど動きつつある、動きつつあると、自分とは無縁のように見えてしかしいやおうなく自分を包みこんで動いていく力を実感しながら、身内が引っつれるような臨場感に充たされて突っ立っていた」（『木下順二集』第一二巻所収、「本郷」）

英国王の「不倫の恋」を皮肉られ、五高を去る

マーターは昭和一二年三月三一日付で五高を突然退職した。神田慶也（昭和一四年卒、大分県出身、九州大学学長）は生前、マーターの写真を手にしながら、理科甲類一年一組の教室で「最後の

授業」を受けたときのことを語ってくれた。

「マーター先生は、生徒たちが出入りの写真屋を呼んでいるのを知ると、黒板に奇妙な動物の絵と一緒に自分の名前をもじって『申間太（さるまた）』と書いた。それから花の絵を描き、生徒の方を振り返ってチョークを前に差し出しながら記念写真のポーズをとった。花はちょうどマーターの右肩の上に咲いているように見えた」

神田はマーターがどうしてそんなポーズをしたのか、その真意がわからなかった。そして辞任の理由も告げずに神田たちの前から姿を消した。

英国では前年の一二月一〇日、国王エドワード八世が離婚歴のある米国のシンプソン夫人との恋を貫くために退位した。日本では「国王が不倫の恋に奔るなんて、大英国も落ちぶれたもんだ」と馬鹿にする声もささやかれた。

そんなある日、クラスの一人が黒板に英国を皮肉る落書きをした。生徒の方は、マーターから「シンプソン夫人の恋」の裏話でも聞きだそうという軽い気持ちで落書きをしたのだが、教室に入ってきたマーターは激怒し、授業を放棄した。神田は自分たちのクラスが起こした出来事がマーターの心を深く傷つけ、辞任のきっかけをつくったと思った。

五高退職後に帰英したマーターは、昭和一三年八月、在日英国大使館のスポークスマンとなって五高生の前に姿を見せた。四度目の来日だった。

石田亮一は「東大に進学した私は、時々、友人とマーターさんを囲んでビールを飲んでいたが、そんなときマーターさんは、自分が作った英国大使館のPR文書を持参し、我々に配布した。英国大使がクラシックな文章だと褒めてくれると自慢していた」と話していた。

彼は日本政府から英語教育、日本文化研究の功績により、勲五等瑞宝章も授与されていた。しかし、マーターの辞任後、五高生たちの間では「彼はスパイだったのでは……。長崎の英国領事館からお金が送られてきたことがある」――そんな噂がささやかれていた、という。

卒業生とマーターの師弟交遊も、いつの間にか途切れていく。石田も連絡を取らなかった。マーターが敵性国国民の立場に立たされたからだ。

国内では、昭和一四年九月の第二次世界大戦（欧州戦争）勃発を前にして、未曾有の反英運動が盛り上がった。きっかけは、同年四月に中国・天津で親日派の中国人が殺害された事件である。日本側は、殺害した犯人が治外法権だった英国租界の中に逃げ込んだことから、犯人の引き渡しを求めるが、英国は拒否した。これにより国内では、七月九日に市民一〇万人が集まり、反英抗議集会「神戸大会」を開催したのを皮切りに、東京や横浜など全国各地で反英市民大会が開かれた。

当時、日本は陸軍が主導して、英国と敵対するドイツとの同盟工作を進めていた。反英運動は、ナチス・ドイツとの提携に反対する英米強調派を抑え込むために軍側が仕掛けたものと見ることができる。とはいえ、反英運動は、ドイツとソ連の間に不可侵条約が締結されると一気に終息を迎える。ヨーロッパ情勢にピリピリしている日本だった。

海軍刑法、国防保安法で逮捕され、有罪判決受ける

マーターは太平洋戦争が始まる直前の昭和一六年九月一六日に、定宿にしていた東京都内の山王ホテル内で日本官憲に逮捕された。マーターの「逮捕前、逮捕後」の消息は、内務省警保局編『外事月報』（昭和一六年一二月分、同一七年二月分）や司法省刑事局思想部編『思想月報』（昭和一七年一・二月分）に記録されている。

それによるとマーターは、昭和一五年一一月に英国大使館職を辞して、オーストラリア政府の情報部職員となり離日、そして再び来日し、千葉県や東京都内に在住しながら、生命保険会社の終身年金、英国政府傷病年金、英文雑誌への寄稿などで生計を立てていた。

逮捕の容疑は、海軍刑法、国防保安法、外国為替管理法違反である。

海軍刑法容疑というのは、昭和一六年六月一九日に東京倶楽部で駐日米国大使館参事官から日本海軍の飛行機が重慶付近の揚子江上で米国砲艦を爆撃したニュースを聞いて倶楽部内の酒場で客に語ったほか、山王ホテルの自室でボーイや書記に対して砲艦爆撃を語り、さらに翌二〇日に掃除夫に対して「大変なり、日本軍飛行機が米国船を爆撃したり、今明日中に新聞紙上で発表せらるべしと語り、以て夫々海軍の軍事に関する造言飛語を為した」というものである。

国防保安法違反は、八条、一一条の探知未遂罪が適用されたもので、東京倶楽部で知り合いの

三人の日本人に御前会議（昭和一六年七月）の内容や、近衛首相からルーズベルト大統領に宛てたメッセージ（八月）の中身を聞き出そうとした、というものである。これらの画策は、いずれも回答を得ることができず、探知の目的を遂げることはできなかった。

三つ目の外国為替管理法違反は、大蔵大臣の許可を受けずに自己振り出し名義の小切手を売却したり、郵送したりした、という容疑である。

マーターは警察の取り調べに「自分は外国に滞在する英国人として何か祖国の利害に関係ある事項を見聞したる場合は、之を大使館に報告するのが当然の義務なりと思料す」「恐らく日本人もそうするであろう」と供述した。

一方、官憲側の見方は「(マーターは）多年本邦に在留して各種事情に通じ且邦語を解し広く邦人知名士と交遊して表面巧に親日を装い乍ら、独伊と同盟関係に在る日本は英国の敵なりとして極めて強固なる反日的思念を包蔵せるものにして、本名に依て所謂親日外国人は其の馬脚を露呈せり」である。

裁判は東京刑事地裁第五部で開かれ、マーターは昭和一七年二月一二日に国防保安法、海軍刑法、外国為替管理法違反罪で懲役一〇カ月、執行猶予三年の判決を言い渡された。

その後のマーターの消息はわからない。石田亮一は、戦後しばらくして英国大使館の知人に消息を問い合わせたところ「セイロンで亡くなられたようです」との返事が返ってきた。時代がマーターを「謎の男」にしてしまった。

佐藤大介は、『全国五高会会報』第四六号に「戦時中のマーターさんのこと」を寄せ、「(逮捕された法律は)私宅であろうとホテルの自室であろうと、なんの遠慮もない。このようにして『壁に耳あり、障子に目あり』の猜疑心が、戦時下の私生活を押しつぶしていった」と記している。

マーターの最後の授業を受けた神田慶也は生前、マーターの写真を手に、横顔に漂うマーターの寂しさは何だろうかと自問していた。

「そのように見えるのは、教室でマーターの心を傷つけ、辞任に追いやってしまったという自省の念かもしれません。もし、そうだったら、マーターに会ってお詫びもしたい」とも述べ、マーターの消息を追いかけていた。神田ら多くの教え子たちが、彼が官憲に逮捕され、東京の街頭に放り出されたことを知らなかったのである。神田はマーターの消息を知らないまま死去した。心の曇りは最後まで晴れなかった。

余滴

寮歌が「東京帝国大学寄贈之歌」なのは……

一高の「嗚呼玉杯」、三高の「紅萌ゆる」をはじめ、旧制高校には二三〇余りの寮歌が生まれている。五高の代表的な寮歌は「武夫原頭」である。「武夫原頭に草萌えて　花の香甘く夢に入り　龍田の山に秋逝いて　雁が音遠き月影に　高くそびゆる三寮の歴史やうつる一四年……」。

緒方道彦氏（昭和二二年卒、福岡県出身、九州大学名誉教授、故人）がこんな話をしていた。「寮歌によって人間形成ができました。五高の校風「剛毅木訥」を受け継ぐために、寮の先輩から、毎日、食堂で唱えろなんて言われたこともありますが、そんな天下りの発想で身につくものではありません。寮歌を歌っているうちに自然と、その精神が体にしみこんできました」

高下駄の音を響かせて夜道を歩いていると口に出てくる、ファイアーストームで乱舞しながら絶唱する——そんな学園生活を送りながら、世代を超えて、五高のバンカラ校風が育まれていったのだろう。

ところで「武夫原頭」の名称が「東京帝国大学寄贈之歌」と呼ばれていることをご存じだろうか。

明治二七年の教育改革「高等学校令」により、京都・三高の大学予科が一時廃止され、五高に大量の関西弁の生徒たちが転入したことがある。

寮内に不協和音が高まり、「剛毅木訥」の五高精神もピンチになった。卒業生の後藤文雄（明治三七年卒、大分県出身、内相）らは、早速、同窓会を開き、寮生の心を一つにする寮歌の贈呈を決議した。

当時、帝大では、五高卒が講義室の前列を独占するほど羽振りを利かしていた。「来たれ帝大、国家の人材たらん」との檄も込められていた。「武夫原頭」は「習学寮」の炊事記念祭で披露されている。

作詞は恵利武（同、福岡出身）、作曲は一高生の鈴木充形とみられるが、特定されていない。恵利武は、旧制福岡県中学修猷館、東京帝大を経て大蔵省に入り、鹿児島税務署に勤めたが、在官二年で早逝した。詩才に秀れ、柔道は黒帯だった。

備考

マーターが英訳した五高寮歌「武夫原頭」

五高記念館には、英国人教師、ジェームス・G・デ・G・マーター著『GOKOSEI OF RYUNAN』（英文）が保存されている。昭和五年七月に熊本市にあった稲本報徳舎から出版されたもので、名校長と呼ばれた八代目校長、溝渕進馬に捧げられている。

全篇は一七章。スケッチ入りで「五高生の青春史」も活写されており、第五章には、五高を代表する寮歌「武夫原頭《ぶふげんとう》」（東京帝国大学寄贈之歌）も英語に訳文されている。この英訳寮歌が生徒たちに歌われていたかどうかは五高寮歌史上にも記録が残されていないが、外国人教師が五高生の心意気をどのように伝えようとしていたかを推量する貴重な記録に違いない。

マーター英訳「武夫原頭」の一番、二番、五番を紹介すると……。

一番

On Bufugen the greenest grass is spread
And here the flowers give sweet scent, and we
Lie dreaming.On Dragon Hill the flaming Autumn goes,

And now the Moon her gentle shadow throws.
Wild Geese fly, crying, over: three school-houses here we see,
Whose story covers fourteen fleeting years.

武夫原頭に草萌えて　花の香甘く夢に入り
龍田の山に秋逝いて　雁が音遠き月影に
高く聳ゆる三寮の　歴史やうつる十四年

二番

Here in the Holy Land in the Western Sea,
Excluding the waves of the naughty world for ever,
The Goko Spirit, full of youthful blood,
Wells high in the bosoms of the stalwarts
The virile trait becomes more nearly perfect,
Clearly lighting the Ways of all the others.

それ西海の一聖地　濁世の波をとはにせき
健児が胸に青春の　意気や溢るる五高魂
その剛健の質なりて　玲瓏てらす人の道

五番

Exhort we now our fellows to declaim to Age and Peoples : —
See ! How now the Ray of Justice from Ryunam,
Shall shed a glow of radiance on Japan
In this new century ! How great the power of Youth,
That shall enhance the glory of our land;
Our lusty strength shall guide the years to be!

さらば我友叫ばずや　時と人とを諭すべく
見よ龍南に一道の　生気ありてぞ日の本の
青年の名に力あり　二十世紀に光あり

一一章　「ドイツ歓迎」の日本――彼ら教師が背負ったものは

昭和一三年（一九三八年）一〇月二九日から三〇日にかけて、ドイツの青少年組織「ヒトラー・ユーゲント」代表団（総勢三一人）が秋雨しぶく熊本を訪れた。制帽、制服にマント、腕にナチスの腕章をはめて市中をさっそうと行進する一行に、沿道を埋め尽くした市民から「ハイルヒットラー」の言葉が飛び出し、団員たちも右手をやや上方に伸ばす敬礼で応えた。

熊本県、熊本市主催の歓迎晩餐会は、熊本市民会堂で盛大に開かれ、一行が入場すると、九州学院ブラスバンドの歓迎演奏が奏でられた。東京朝日新聞社が作詞を北原白秋、作曲を高階哲夫に依頼し、藤原義江歌唱でレコード化した歓迎歌『萬歳ヒットラー・ユウゲント独逸青少年団歓迎の歌』も流れた。会場はまさに「ようこそドイツ」一色だった。

地元新聞「九州日日新聞」は、来日前から来熊を歓迎する社説を掲載し、彼らの一挙一動をつぶさに記事にした。朝夕刊の紙面には「熱狂的歓迎を浴び、秋雨の市中見物、中等学生の演技を

來熊した獨逸青少年團（熊本驛前にて）

よ う こ そ ヒ ッ ト ラ ー ユ ー ゲ ン ト

戰捷感激の火の國へ
颯爽 西の盟友來る
秋雨しぶく肥後路の旅に
美し交驩の華ひらく

驛頭に描く 劇的歡迎情景
彼我の魂一體に結ぶ

熊本の眞髓に觸れることを期待
シユルツエ團長語る

グランドの催し
大商で接待

日程

日日片々

熊本を訪れたヒトラーユーゲント（「九州日日新聞」昭和13年10月30日夕刊）

称賛」「若き盟友を迎えて　華やかな日独交歓　防共の血盟に堅き契り」といった大きな見出しが踊っていた。

歓迎晩餐会には、五高から熊本在住のたった一人のドイツ人教師、ゲオルク・H・ドルが十時弥校長とともに出席した。

新聞紙面を通じドルは、熊本県民の熱烈な歓迎に対して、同胞に代わって謝辞を述べた。

「なつかしく久しい間待ち侘びた同胞がはるばる訪れ来たのに対して熊本県市民の方々が衷心からの歓迎をして頂き、感激に打たれて何ともお礼の言葉がありません。こんな親しい盟友の熊本に住む私は幸福です。両国が益々今回の使節交歓により契り固くなるのを非常に心強く思います」

ドルは、大正一四年五月から昭和二〇年九月までの約二〇年間（昭和九年四月から八月まで一時帰国）、五高教壇に立ち続けた。五高の外国人教師は創立以来三〇人に及ぶが、ドルほど長く日本に滞在し、五高に愛着を持っていた教師はいない。

ゲオルク・H・ドル
（熊本大学五高記念館提供）

バーデンの辺村エッピンゲンに生まれたドルは、ハイデルベルグの高校を卒業後にミュンヘン大学で獣医学を学び、家計の事情で中退、その後はベルリンの出版社に勤める傍ら、独学で語学教師の勉強を続け、語学学校で教師兼校長代理を務めた。第一次世界大戦では予備将校として参戦し、鉄十字章を授与されている。

着任当時、前任のヒューボッターが医学博士であるうえ語学学者として有名だったため、ドルは学歴等を比較され、語学教師の間から就任を危惧する声もささやかれたといわれる。しかし、元軍人の威厳に加え、背もすらりと高く、温厚、品格あるドイツ人紳士だったことから、たちまち教師や生徒たちの信望を集めた。

ヒトラー・ユーゲントを驚愕させた「バンカラ文化」

ドルが来熊を待ちわびていたヒトラー・ユーゲントは、一九二六年（昭和元年）にヒトラーが掲げていた「青年が青年を教育する」とのスローガンのもとにナチス党（NSDAP、国家社会主義労働者党）内の青年組織として誕生したもので、「ヒトラー・ユーゲント法」（一九三六年制定）によって国家唯一の青少年団体になった。

これにより、ドイツでは、一〇歳から一八歳までの青少年が全員、ヒトラー・ユーゲントの構成四組織（ドイツ小国民部、ヒトラー青年部、ドイツ少女部、ドイツ女子青年部）への加入が義務づけられた（ヒトラー青年部を終えた一八歳以上の青年は、国民突撃隊へ入隊）。訪日代表団は、そんなヒトラー・ユーゲント組織のエリート団員たちだった。

彼らが来日した目的は、日独防共協定締結（昭和一一年）による同盟強化に伴い、青少年相互訪問を通じて、日本にナチス文化の普及宣伝の役割を果たすことだった。こうした使命を実現するためにドイツ側は、前年に団長のラインホルト・シュルツェを東京に送り込み、ドイツ大使館内でナチス党指令の下、ヒトラー・ユーゲント代表団来日に対応する組織を作り、工作準備を進めている。

代表団一行は、昭和一三年八月一六日に横浜港入港、翌一七日午後に上陸、以来、日本側の熱烈な歓迎のなか、時には二班に分かれて全国各地を駆け回った。

東京では、靖国神社をはじめ、東京帝大航空研究所、東京陸軍病院、陸軍幼年学校、第一高等学校、女子高等師範学校、講道館などを精力的に訪れたが、一高訪問（九月二〇日）では、弊衣破帽のバンカラ高校生たちの姿を見てびっくりしている。

「東京朝日新聞」も報道した。

「午後三時から一千の向陵健児に迎えられて第一高等学校を視察、八割がドイツのギムナジウム（高等中学）の学生であるので、学校生活には特殊の興味を注いで視察したが、流石のゲルマン魂も一高独特の強烈なバーバリズム（バンカラ）には驚愕したらしくひどい疾風怒濤だと感想を漏らしていた。橋田一高校長の歓迎の辞に続いて寮生一同の拍手を混へた『ああ玉杯に花受けて』に送られて午後四時すぎ宿舎第一ホテルに帰還」

『ビルマの竪琴』の著者で知られるドイツ文学者、竹山道雄は当時、一高のドイツ語教授を務めていた。彼の目に写った一高生の歓迎風景は次のようなものである。

「（ヒトラーの団員が）門を入ろうとしたとき、鉤十字の小旗を手にした出迎えの一高生が『バカ野郎』と連呼して歓迎の意を表した。規律と清潔と服従を最大の美徳として鍛えられたかれらが、日本のもっとも由緒ある学校と聞いて想像していたのは、貴族的な修道院、ないしは科学的設備の粋を尽くした病院、または兵営のごときものであったから、無精な粗服をまとって底気味わるい薄笑いを浮かべてかたまっている一高生を見て、肝をつぶしたのも当然であった…（略）…その後、時の文相荒木大将のお茶会で、日本で一番印象の良かったのは幼年学校、悪かったのは一高と答えた、という」（『竹山道雄著作集』第三巻――空地）

代表団は、ナンバースクールの五高を訪れなかった。何かわけがあったのだろう。

第一次近衛内閣は、彼らの訪日三カ月前（四月）にドイツの国家総力戦体制に学んだ「国家総動員法」を公布し、人的、物的資源を統制、動員できる体制を整えた。また文部省も呼応し、五月、集団労働を精神教育の一環として学校行事に盛り込む「夏季集団勤労指令」の訓令を出した。この結果、旧制高校をはじめ、全国の学校で夏休み返上の集団労働が始まった。五高でも、熊本県菊池地方の花房台地（通称）で生徒や教官が一体となって、陸軍用の飛行場を建設する集団勤労奉仕に取り組んだ。

ところが、そんな奉仕活動中、五高生に対する非難の声が上がった。「時局をわきまえず、生徒たちが髪を長くし、腰に手拭いをだらりとぶら下げている。不届き千万だ」というのである。時局は旧制高校が先輩から受け継いできた弊衣破帽、バンカラ文化の存在そのものを糾弾の対象

昭和13年8月、陸軍花房飛行場建設のため、全校生徒で除桑の勤労作業に出かけた

にしたのである。
来熊したヒトラー・ユーゲント代表団幹部の一人も、「九州日日新聞」に「日本で学生がバンカラを質素とはき違えて居るかの如き学校を見たが、士官学校生徒は実に立派で感心した」と暗に五高生を批判する話をしている。コメントの内容は五高生を名指しにしているわけではないが、「五高生は不届き千万」と横暴ぶりを発揮する軍人の見解と同じである。
彼等の目にも五高生たちの姿が、日本の国民精神に背を向ける不良学生と映っていたのだろう。五高訪問や生徒たちとの交歓がなされなかったのは、文部当局や官憲側の差し回しだったのか、それともドイツ側が、五高を訪問すれば、規律と服従をモットーにヒトラーに忠誠と奉仕を誓っている団員たちに悪影響を及ぼすと考えたのだろうか、それは定かではないが、ともあれ、彼らの来日が旧制高校のバンカラ文化を攻撃する官憲の思惑に拍車をかけ、弾圧に鞭を入れる役割を果たしことは否めない。

政治主導で締結された「日独文化協定」

世論は、昭和一三年夏から晩秋にかけて、「ドイツ歓迎」ムードで沸き立った。彼等が神戸港から帰国した二週間後の一一月二五日午前九時半、外務省官邸では、外務大臣・有田八郎と駐日ドイツ大使・オイゲン・オットとの間で「日独文化協定（文化協力に関する日本国独逸国間協定）」の調印式が行われた。

この日は、両国が共産主義国家ソ連を仮想敵国として締結した「日独防共協定」（後に日独伊防共協定になる）の二周年記念日に当たった。夜には記念日を祝して、オットー駐日ドイツ大使邸で、秩父宮、閑院参謀総長宮両殿下の出席の下に盛大にドイツ大使館主催の祝賀晩餐会が開かれた。

有田外務大臣が日独伊の三国外相の交歓放送を通じて「日独伊の防共の誓いは世界平和の楔」と強調したのも、この日である。

「日独文化協定」の目標は、「日本精神とドイツの民族的および国民的生活」を基調として、日独間の文化関係の提携を促進することだった。これにより、学術、美術、音楽、文学、映画、無線放送、青少年運動、運動競技などあらゆる文化部門で組織的な提携活動を進めることになった。国際連盟を脱退している両国にとって、国際的な文化活動をアピールする絶好の機会にもなったが、その一方で日本は、ドイツと軍事戦略、外交戦略分野のみならず、思想・文化面でも「不穏な密月関係」になった、という負のアピールを発信することにつながった。

日本はドイツのようにユダヤ人を排斥する国なのだろうか——そんな疑念が国際社会に生まれれば、ユダヤ系国民の発言力が大きい米国等との通商貿易面に大きな影響を及ぼしかねない、そんな波乱材料を含んでいたのである。

ところで、五高教師ドルをはじめ、旧制高校や大学、専門高等学校で教職についているドイツ人教師は、当時、どんな状況に置かれていたのだろうか。ドイツ人教師の動向に触れる前に、彼らの母国の政治情勢を簡単におさらいすると……。

ヒトラーは、一九三三年（昭和八年）一月に首相に就任した。その一カ月後、国会議事堂が炎上した。ヒトラーはこの機を逃がさなかった。放火を共産主義者の陰謀と断定し、国家非常事態を宣言、さらに翌月の総選挙で大量のナチス党員を当選させるや、ヒトラー一人で法律が作れる「全権委任法」を成立させた。翌三四年八月、ヒトラーはヒンデン大統領が死去すると、圧倒的な宣伝工作によって世論操作し、総統に就任した。

以降、ドイツは軍人も官吏も就任の際には国家ではなく、ヒトラー個人に忠誠を誓う独裁体制が強化され、ベルサイユ条約の軍事条項を破棄し、再軍備の道に踏み出した。

ドイツ人の純血を守るとの理由から、ユダヤ人の市民権を剥奪する「ニュルンベルク法」も公布した。この結果ドイツでは、ユダヤ人や混血児の青少年少女は、唯一の国家青年団組織「ヒトラー・ユーゲント」に加入できなくなる。こうした人種差別政策は「日独文化協定」に暗い影を落としたばかりでなく、戦後、世界を驚愕させた「アウシュヴィッツの悲劇」を生むことになった。

ここで五高教師ドルがヒトラー・ユーゲント代表団が来熊した際に地元新聞に寄せたコメントを振り返ってみる。シュルツ団長が挨拶の中で「ナチスの旗の下に」と力を込めながら、新興ドイツの発展を強調しているのに対して、ドルは「ヒトラー」や「ナチス」といった言葉を口にしていない。そこには、同胞を温かく迎えてくれた熊本県民に感謝の気持ちを伝えながらも、ヒトラー独裁下のナチス体制を賛美するような、政治的な発言を抑制している姿勢が見える。

卒業生たちが同窓会会報等に綴るドル観は「先生はナチスに不快感を持っていた」である。五高在学中にドルを教師に迎え、ドルの同僚教師となった小山直之（倫理学担当、大正一四年卒、熊本大学名誉教授）も「ドル先生は、ナチスが台頭する前の軍人で、勲章も授与されていた。五高で教壇に立つことを誇りにし、五高生のバンカラ精神に温かいまなざしを送っていた。ヒトラー・ユーゲントの青少年たちを迎えながら、彼らの行動にある種の寂しさと違和感を覚えていたのではないか」と感想を漏らしていた。

ドルはこよなく五高を愛し、生徒たちの語学指導に情熱を傾けた教育者だった。授業で日本語を一切使わなかったために「先生の授業はトーキー映画を見ているようだった」と回想する卒業生もいる。ドイツ語できちんと挨拶をしないと注意するなど、結構、厳しい先生であるが、時折、鉛筆でリズムをとりながら、「ローレライ」や「菩提樹」「リンデンバウム」などモーツアルトやシューベルトの歌曲を美しい声で唄い、生徒たちを喜ばせた。

長髪を自慢にしているグループが、ドルを囲んで記念写真を撮るために、だれがドイツ語でお願いするか譲りあっている様子を見て、ニコニコしながら曰く。「髪は長いが、知は短い」。そんな冗談口も、いつもきちんとネクタイを締め、格好よく背広を着こなしているドルが云うとサマになる。長髪組も納得し、それがまた愉快なエピソードとなって学校内に広がり、ドルの人気を高めた。

外国人官舎に夫人、娘ふたりの四人家族で暮らしていた。妹の方は、地元のミッション系女学院に通っており、生徒たちのアイドル的な存在だった。中には、「会いたさ見たさ」から、先生の不在を確かめたうえ、官舎に押しかけ、「先生はおいでですか」とドイツ語で言葉をかけたまでは良かったものの、応対に出たドルメッチェンに下心を見透かされ、上品な、美しい日本語で「居りません」と追い返された生徒もいたという。

そんな生徒たちが広めた話だろうか、「ドルメッチェンは日本語も丁寧語を使って、八百屋で『大根はござるか』と話すそうだ」との伝聞が伝わっている。事実、娘たちは日本語が達者だったようで、ドルが五高キリスト教青年会「花陵会」で講演した時は、通訳を引き受けていた。

ドルは日本の古典文学研究者としても貢献した。能についての論文や『鉢木』の独訳をブリュッセル大学に提出し、昭和五年七月に文学博士の学位も取得した。日本の古典や伝統文化、教育のすばらしさなどをドイツに発信し、高い評価を受けたほか、帰国した折も、ドイツの新聞への寄稿や講演会等を通じて日本の宣伝にも務めている。十時校長も、こうしたドルの業績を評価し、昭和一二年二月に文部大臣に叙勲を要請した。ドルは勲五等瑞宝章を綬章している。

ドイツ人教師の多くが、ドルと同じように旧制高校や専門学校で教師生活を送りながら、一方で日本の伝統文化の調査・研究や古典、仏典研究など「日本学」分野に情熱を傾けた。昭和八年に松本高校に着任したヘルベルト・ツァヘルト・（最後の日独文化協会ドイツ人主事）は、ベルリン大学、ハンブルグ大学で、カール・フローレンス（日本古典研究の権威）の指導を受け、『続日本紀の宣命』で学位論文を取って来日した若手の日本学者である。

彼は、訪日前にフローレンスから「日本へ行ったら、青い目ではなく、黒い目で物事を見なければならない」と、アドバイスを受けた。松本高校では流暢に日本語を話し、生徒たちから「日本人よりも古典に詳しい先生」として信望を集め、自らも生徒の輪の中に飛び込んで、学園生活を謳歌した。授業の傍ら、歌人の佐々木信綱、東京帝国大学教授木村謹次らと『万葉集』の独訳に取り組み、大きな功績も上げている。

夫人のズザンナが綴るヘルベルトの「松本生活」も、当時の旧制高校生とドイツ人教師の子弟関係を端的に伝えている。

「あのころの松高生は白線の入った学帽をわざと横向きにかぶって、腰には手拭い、高下駄に黒マントでバンカラを気取っていました。したい放題をして、のびのびと楽しそうでしたよ。……（略）……私たちには松本に親戚もいなければ、まだ知人や友人もいませんでしたから、生徒たちがやってくるのがとてもうれしかった。お紅茶やサンドウィッチを囲んで、レコードを聴いたり、文学論を闘わせたり、何時間でも話が続いたものです」（『ズザンナさんの架けた橋』）

ほかにも、著名な旧制高校教師として、広島高校や浦和高校で教えたディートリヒ・ゼッケル（のちにハイデルベルグ大学教授）、大阪高校で一九年間も講師を務め、東京帝国大学や学習院教授に就任したローベルト・シンチンガ、アジア言語学の研究者と知られる高松高校の教師、ホット・カロ（フランクフルト大学教授）、京都・三高のハンス・エッカルトらの名前が浮かんでくる。ヒトラーの甥であるホルスト・ハミッチェも名古屋で真面目な教師生活を送っていた、という。

ナチス監視下に組み込まれるドイツ人教師たち

一方で、ナチズムに心酔していた教師も生まれた。「日独文化協会」の二代目ドイツ人主事を務めたヴァルター・ドナート（広島高校教師）は、「文化協定」が締結されてから、日本側にナチ主義の文化政策に同調するように求め、東京の書店を駆け回った。そして店頭にユダヤ人作家や反戦主義者トーマス・マンの翻訳本を見つけると、「文化協定」を切り札にして、こんな書物を売らないでくれと店主に圧力をかけていた、といわれている。

しかし、彼のような高校教師が数多くいたわけではない。大半の教師は政治に強い関心を示さず、むしろナチス政権に反発しながら、学問の舞台を旧制高校や専門学校の世界に求めていた。五高教師ドルも、ナチスと距離を置こうとした教師の一人であろう。ドルは、ヒトラーが政権を取った翌年（昭和九年三月）に任期満了となり、辞職した。帰国後、急速にナチス体制が浸透するドイツ各地で、日本文化のすばらしさや旧制高校の様子などを講演、日独文化交流の重要性を訴えていたが、五高から復職を要請されると、半年後に熊本に舞い戻って五高の教壇に立った。ドルにとって母国のドイツは、居心地の悪い、窮屈な社会になっていた。

ナチス嫌いの一念から来日した教師もいる。

ヴァルター・ドナートの後任教師として広島高校に赴任したディートリヒ・ゼッケルは、荒井訓氏（早稲田大学商学学術院教授）の「終戦前滞日ドイツ人メモワール聞き取り調査」に対して、来日動機を次のように語っている。

「私が日本へ行ったのは、全くの偶然でした。私が一九三六年にちょうどドイツ学と美術史の博士号を取得しようとしていたときに、私の指導教授が広島の高等学校にドイツ語の教師として行く気があるか、と私に聞いてきました。この地名は、誰も知りませんでした。それがどこにあるのか、まず地図帳を調べなければなりませんでした。私はナチス・ドイツから離れたいと思っていましたから、日本に行くことにしました」（「終戦前滞日ドイツ人の体験」『文化論集』第一五号）

そんなゼッケルも、やがてナチスは嫌いとソッポを向くことが許されなくなる。ヒトラーに忠誠を尽くしながらドイツと日本のために教師職を務めることが、ドイツ人教師の最大の使命となったのである。

学園の空気も変わっていく。生徒たちが自由と自治を掲げて寮生活を送り、リベラルな雰囲気に包まれていた教育の場に、時代の嵐が吹き込んでいた。外国人教師たちが温かいまなざしを向けていたバンカラ文化の象徴である弊衣破帽や長髪も、婦人のパーマと共に禁止された。生徒たちは自慢の長髪をばっさり切って、丸刈りにして登校しなければならなくなる。

ゼッケルは二年間の広島高校、さらに昭和一四年から終戦まで浦和高校や東京帝国大学で教師生活を送っているが、彼の証言は旧制高校内の変貌ぶりを裏づけた発言である。

「同僚には学問上の教師だけではなく、一種の準軍事的な教育をするために配属されていた軍の将校が数人いました…（略）…時が経つにつれて、学生たちは自分の考えを率直に言わなくなりました。日本にいた一九三六年から一九四七年という時期は、最初の数年は非常にリベラルでした。その後、軍と秘密警察（特高＝特別高等警察）が支配力を強め、国粋主義がますます強くなり、排外主義と思想統制へと発展していきました。そしてすべての男性が頭を丸坊主に刈り込まなければなりませんでした」（「終戦前滞日ドイツ人の体験」）

ゼッケルは、帰国後、ハイデルベルグ大学教授に就任した。東アジア美術史の研究家である。

昭和一四年九月、第二次世界大戦が勃発した。ドイツのポーランド侵攻により開戦になったもので、ドイツ人教師は同僚の英米系教師を気にしながら、複雑な思いに駆られたことだろう。加えて日本では、開戦前月の八月にドイツがソ連と「不可侵条約」を調印したことが大きく報道され、当時の平沼内閣が「複雑怪奇」と声明して総辞職する事態に追い込まれた。日本の世論が「親独」から「反独」に傾斜するのでは——そんな心配もあった。

しかし、国内経済は大戦勃発を歓迎した。多くの国民がドイツの電撃的な攻撃に拍手を送り、上昇する株価を歓迎した。以降、日独は国際政治の動向に紆余曲折しながらも急接近し、大戦勃発の翌年九月にはベルリンで軍事同盟「日独伊三国同盟」の調印にこぎつけた。

狙いは二つあった。一つは、防共を確認しあいながら、両国の締結が米国の日中戦や欧州戦争への参戦を抑止することにつながるのではないか、との思惑である。もう一つは、両国が互いに欧州やアジアでの覇権（新秩序建設）を了承しあうことだった。

こうした都合の良い侵略工作がうまくいくはずがない。日本は昭和一六年六月の南部仏印（サイゴン）進駐をきっかけに米国と決定的な対決を招き、日米通商条約は破棄された。米国や英国、中国など世界を敵に回す太平洋戦争への突入は避けられない情勢となった。

もはや伝統文化や古典研究を落ち着いて調査・研究する環境はなくなった。滞日ドイツ人たちはナチス党日本支部の監視下に置かれた。同支部が正式にいつから日本で活動を展開したかはわからないが、内務省警保局外事課が戦前に発行した『外事月報』（厳秘刻印）を見ると、ナチス党日本支部の活動が昭和一四年以降に活発化していることがうかがえる。

『外事月報』（昭和一四年七月分）には次のような動向記事が掲載されている。

「独逸大使館に於ては鷗州第二次戦乱に際会して、夜間に於ては京濵ナチス支部員を交代にて館内の夜警に従事せしむる等極めて緊張し、又英国大使館の宣伝に呼応対立して大使館二階に宣伝事務所を設置し独逸染料会社社員ヨハネス・トーヴェ其の他を起用し、国際放送、ベルリン電報、D・N・B、その他の報道を取纏め宣伝文を作成し、在留独逸人及び邦人に送付し又各領事館に対し自国の有利に戦争惹起の事情を宣伝なさしむべく指令する等工作に務めつつあり」

長ったらしい文章であるが、これを見ると、ナチス党日本支部（東京）の活動拠点が大使館内に設置され、京浜支部があった。また、同支部とドイツ大使館が滞日ドイツ人に対して、ナチスの宣伝工作員の役割を果たすように求めていたことが鮮明である。

強いられるナチス宣伝の旗振り役

もう一つ、注目されることがある。国内にナチス党の下部組織としてNSLB（国家社会主義教師連盟）が設立され、日本で教職に就いている滞日ドイツ人は加入を義務づけられた。ドルたち滞日教師は、夏休みに入ると軽井沢に集められ、ドイツの国家観念を鼓舞する政治演説を聞かされ、ナチス宣伝の旗振り役を押し付けられた。教材用にナチス党の宣伝文やパンフレット、写真などのプロパガンダ資料も配られた。

『外事月報』（昭和一四年一〇月分）は、大阪神戸総領事のバルザーが陣頭に立って、ヒトラー演説を骨格にした宣伝資料を携えて九州各地を歴訪したことを伝えているが、そこには「特に各学校在職中のドイツ人教師と親しく面接し、対日宣伝方策に関し連絡指令する所ありたる模様なり」との記事も掲載されている。こうした記述を拾うと、ドルもまた、バルザー総領事に呼び出されて、ナチスの宣伝工作への協力を要請されていたことは間違いない。

ゼッケルは荒井訓氏の聞き取り調査に対して「授業で使用するための本が無くなり一冊もありませんでした。新聞、雑誌、パンフレット、写真などのプロパガンダ資料に文字通り侵されていたのですが……。私はそういうものは、それがまともに思われる場合にだけ使いました」（「終戦前滞日ドイツ人の体験」）と述べている。

ドルがドイツ語授業中にナチスの宣伝につながるような資料の配布やテキストを使用した話は伝わっていない。ドルもゼッケルと同じ態度で授業に臨んでいたのだろう。

戦局が険しくなるにつれて、ドイツ人教師たちも、日本人が特高の恐怖にさらされたように、目に見えないナチスの恐怖におびえる日々となった。

荻野富士夫氏は「『外事月報』解説」の中で「外事警察の眼は、敵国人だけでなく、中立国人及び枢軸国側の人間、そして『銃後の治安を乱し又は国運の進展を阻害するが如き苟くも帝国に不利を招来すべき一切の敵性作用』の発現に注がれた。先の『帝国秘密戦ノ温床』という憶測がさらにヒステリックに拡大され、スパイ的な言動という名のもとに防諜犯罪が作り上げられていく」（内務省警保局編（復刻版）『外事月報』第一巻）と、当時の外事警察の模様を記しているが、このことは、滞日ドイツ人が日本官憲や母国の大使館やナチス党支部の厳重な監視下に置かれていたことをうかがわせるものだ。

ゼッケルも証言している。

「ある日、ヨーゼフ・マイジンガーが大使館にやって来ました。彼はゲシュタポ（秘密国家警察）の大佐で、日本の秘密警察（特高）と協力してドイツ同胞を監視するという任務を帯びていました。密告が当時は広まっていました。この男には用心しなければなりませんでした」

マイジンガーの仕事内容は、『外事月報』（昭和一七年三月分）によると、「ナチス党日本支部のヒルマン支部長、シュートーレー同代理、ロイ京浜支部長らとしばしば会って、大使と協議し、『反ナチス』等の取り締まりに当たる」、「京浜地区独逸少年団、同独逸労働戦線、『ナチス』教授団日本支部、独逸協会学校、その他教会宣教師等に対しても、監督指導をなしつつあり」等である。ドルたちが加入を義務づけられたＮＳＬＢ（国家社会主義教師連盟）にも、監視を怠らなかったことだろう。

マイジンガーは、昭和一六年四月に駐日ドイツ大使館付き警察武官兼親衛隊員で日本に派遣され、大使に次ぐ二番目の実力者だった。着任後から特高警察や憲兵隊と連絡を取りながら、滞日ドイツ人の身辺調査に当たっていた。戦後、ワルシャワ・ゲットーに関して米軍に逮捕され、ポーランドに引き渡されて絞首刑に処せられている。

戦時下、だれもが「思想防諜の対象者」だった。太平洋戦争開戦九カ月前の昭和一六年三月、国防保安法が制定された。これにより、国家機密の漏洩や治安を損なうような事項の流布には一段と厳しい処罰が科されるようになり、撮影禁止場所や立ち入りできない箇所が増えた。警察官の裁量次第で、山に登って町の風景を眺めているだけでも、防諜容疑で逮捕されるご時世になっていく。

ドイツ人は同盟国人といえども、日本人の目から見れば英米人と同じ顔に見える西洋人である。彼等の行く先々に官憲監視の目が光り、その動向が特高と手を結んでいるナチス党日本支部や駐日ドイツ大使館に情報としてもたらせられる。ドルもまた、外国人官舎のある五高から一歩外に出ると、自由に行動できない「防諜の対象人物」になった。

筆者の手元に、ドルが黒板の前に立って授業をしている一枚の写真（コピー）がある。鹿子木敏範（昭和一六年卒、熊本県出身、熊本大学教授）が、ドイツ語を第一外国語にしていた文乙科の古川洋二（昭和三年卒、島根県出身）から提供され、『全国五高同窓会会報』第三〇号に掲載したも

ドル先生の授業風景（『全国五高同窓会会報』第30号より）

のである。ドルは、黒板に大きな字で「戦争は進歩の父である」（ドイツ語）と書いている。撮影時期は、古川の在学中ならば、大正末から昭和三年にかけてとみられる。ドルが当時、どんな考えから生徒たちにこの言葉を紹介したのかはわからないが、第一次世界大戦時に予備将校として参戦した誇りを抱きながら、科学が戦争と一体となって発展してきた世界史の裏面を語ったのかもしれない。とはいえ、その後の彼の半生を追いかけると、戦争の道をひたすら爆走するヒトラー政権に士気を高め、戦争に協力する「元ドイツ人予備将校」の顔はどうしても浮かんでこない。

ドルもまた、五高生や同僚の教師陣と同じく、母国の戦勝を願いながらも、権力と軍事力を盾に横暴を振るうファシズム体制に「ノー」を突きつけていたに違いない。

一二章　太平洋戦争に突入――五高最後の米国人教師クラウダー

「大本営陸海軍部発表＝帝国陸海軍は、本八日未明、西太平洋において米英軍と戦闘状態に入れり」――昭和一六年（一九四一年）一二月八日午前七時、ラジオは歴史的な太平洋戦争の開戦（二日後に大東亜戦争と呼称決定）を伝えた。真珠湾奇襲、マレー上陸、シンガポール爆撃……「皇軍の大戦果」は、ラジオや新聞で次々と発表された。それは、政府が掲げる「東亜新秩序建設」に懐疑的だった者も含め、出口が見つからないまま日中戦争が長期化し、そして米、英、中国、オランダのいわゆる「ＡＢＣＤライン」包囲網の締めつけにイライラしていた国民にとっては、うっぷんを一気に晴らしてくれるようなニュースだった。「西洋の帝国主義からアジアを開放する」、そんなスローガンも口先だけではなかったと安堵し、喝采の拍手を送った知識人も少なくなかった。

同盟国であるドイツ向けのＮＨＫ海外短波放送は、時差の関係から、国内放送よりも三時間も早い午前四時に放送された。アナウンサーは滞日ドイツ人、フリードリヒ・カール・グライルである。

グライルは、五高ドイツ語教師、ゲオルク・H・ドルが昭和九年四月に帰国後、一学期間、ドイツ語教師を務め、NHK国際放送局のアナウンサーになっていた。熊本時代に公演中の歌舞伎俳優、中村吉右衛門を楽屋に訪ねるなど、浮世絵と歌舞伎の研究家だった。

グライルが伝える日本軍の相次ぐ戦果は、同胞たちにもうれしいニュースだった。『外事月報』（昭和一六年一二月分）が「大東亜戦争に関する在留外国人の意向」と題して、滞日ドイツ人のコメントを掲載しているが、この欄で、当時、佐賀高校のドイツ人教師シュライベルは、次のように話した。

フリードリヒ・カール・グライル
（熊本大学五高記念館提供）

「本日未明、盟邦日本は英米に対し戦いの火蓋を切り断固宣戦を布告して本格的戦争に入ったことは独逸国として狂喜している事と思ふ。本日正午より佐賀高校に於ては全生徒と共に宣戦の大詔を拝聴し日本の決意の程を知ったのである。…（略）…日本海軍の強さは米英海軍の比ではなく加ふるに日本より機先を制さられ相当の被害を被った事は将来或は休戦を申し込むのではないかとさえ感じられる」

他のコメントも同じように開戦歓迎の声だった。

「今次の開戦責任は米国側にあり、ドイツもこの開戦を心から喜んでいるであろう」（ハマヘール松江カトリック教会宣教師）

「今度の対米英宣戦布告は遅きに失しても早きに過ぐる事はない。支那事変の解決も事今日に至らねば到底解決はつかなかったのである。日独相呼応して立ったことは唯「オ目出度ウ」を連呼するより外ドイツ人の気持ちを表現する言葉を持たない」（ウエストファーレン神戸市ドイツ人商業会議所会頭）（『外事月報』昭和一六年一二月分）

しかし、五高の教官や生徒からは、滞日ドイツ人のコメントに見られるような熱烈な歓迎ムードと異なり、事態を冷静に受け止める声が上がっていた。佐賀高校のように全生徒が教官と共に宣戦の大詔を拝聴するようなこともなかった。いつも通りに授業も行われたが、休み時間になると、教官や生徒たちがストーブを囲みながら「大変なことになった」と率直に語りあう光景が見られた。真珠湾攻撃の戦果に喜びながらも「戦局突入の感情と興奮を冷静に制しようとする」教官や生徒たちがいたのである。

江下博彦（昭和一七年卒、福岡県出身、医学博士）は、こんな話をしていた。

「太平洋戦争が始まる前から、私たち五高生は、横暴な軍人のふるまいや学外からの締めつけに反発していました。五高生という誇りもあって、挙国一致で国難に立ち向かわなければならないという気負いも持っていましたが、その一方で、私たちは、小学校で満州事変、中学校で日中戦争、五高に入ってから太平洋戦争突入という風に、文字通り、戦争と共に歩いた世代です。戦局に甘い期待を抱くよりも、むしろ、冷静に事態を見つめていました」

江下の回想は、戦時下に青春を過ごした世代だけに言える、重たく響く言葉である。風邪博士といわれた加地正郎（昭和一八年卒、熊本県出身、医学博士）もまた「人生二〇年といわれた時代でした。我々は限られた人生をいかに生きるかを真剣に問いかけていました」と感想を漏らしていた。

寮生たちの記録『続習学寮史』には、次のような日誌が載っている。

「ついに米英に宣戦布告した。その後、私は直ちに今死ねるか否か深く心を探って見た。そして恥ずかしくも戦慄を感じた」（「三寮日誌」）

向学心に燃え、あこがれの五高の門をくぐりながらも、彼らの前途には「死」が見え隠れしていた。

敵性外国人になり、官舎から連行、逮捕される

開戦の日、五高にもう一つ大きな衝撃が奔った。生徒たちに「ラフカディオ・ハーン、ナンバー・ツー」と呼ばれていた米国人英語教師ロバート・H・クラウダーが、二時限目の授業を最後に忽然と五高から姿を消したのだ。彼の身に何が起きたのだろうか。

プリズン

あの分厚い大きな扉

頑丈な鉄錠の付いたあの扉
あの扉

扉が今、大きな音とともに閉まった
金属と金属の冷たくぶつかり合う音
その金属音が冷たく湿ったがらんどうの廊下を通り抜ける
そして遂に消え入り　あたりは再び深閑となる

そして鍵
大きな鍵が回って　カチリと音を立てる
その厭ましい金属音が最後の望みを断ち切り
独房の中に私を閉じ込める
慣れ親しんだ外界から私を締め出す
苦悩が紅蓮の火炎となって私の心に焼き痕をつける
（ロバート・クラウダー著／渡辺章子訳『わが失われし日本』）

この散文詩は、クラウダーが「諜報容疑」で検挙され、帰国までの出来事を大学ノート三冊に詩文の形で書き留めた「抑留体験記」の冒頭部分である。穏やかな教師生活を送っていたクラウダーは一夜にして敵性外国人の身となり、外界から隔離されてしまった、その心情を綴っている。

昭和一六年一二月八日、警察と憲兵隊は、午前七時から全国各地で一斉に米英系外諜容疑者の取り締まりを始めた。戦争という非常事態に備えて、ひそかに外国人の動向に監視の目を光らせていた官憲当局が、真珠湾攻撃に呼応して米英系外国人駆逐の狼煙を上げたのである。

外諜容疑者数は警察関係一一一人、憲兵隊関係五二人の計一六三人（一部日本人含む）にのぼる。このうち、旧制高校関係を見ると、英語教師では、クラウダーのほかに、新潟高校のP・T・ルーク（英国）、北大予科、ボーリン・メシー・レーン（米国）、福岡高校、G・ポッター（米国）、広島高校、C・W・カップ（米国）の四人、フランス語教師では、福岡高校のボークラン（フランス）が連行された。

『五高七十年史』によると、クラウダーの在職期間は昭和一四年九月から一七年三月までの二年六カ月であるが、逮捕されて以降は五高に帰っておらず、開戦日からの雇用期間は名簿上の在職である。

彼は、一九一一年（明治四四年）八月に米国イリノイ州ベスニーに生まれた。ミリキン音楽大学、東イリノイ州立教育大学を卒業後に、日本統治下にあったピョンヤンで、米国人子弟のためのミッションスクール教師になった。昭和一〇年、夏休みに訪れた日本で日本画に魅了され、翌

クラウダー思い出のアルバム

（写真はいずれも棚野泰全氏提供）

幼少のクラウダー

「母は美術や植物が好きだった。もし母が日本へ行っていたら、見るものすべての美しさに魅了されただろう」

東京駅近くで靴磨き

本人お気に入りの一枚

亀戸天神太鼓橋にて

東京在住時は週末に雑誌のネタ探しに歩き回った

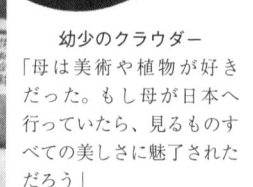

自然が大好き、庭でくつろぐ

井上英会話スクールで授業
幻の東京オリンピック（1940年予定）を前に社会人や学生の英会話熱が高まっていた

阿蘇山の噴煙をバックに大喜びのクラウダー
（英文はYour son and Mt.Aso）

官舎の庭でレッスン
生徒たちと一緒に写真を撮ることが難しい時代になっていた

英語を話すと人気者のオウムのゴンベエと遊ぶ

秘書の小林亨さん（右）と談笑

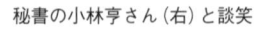

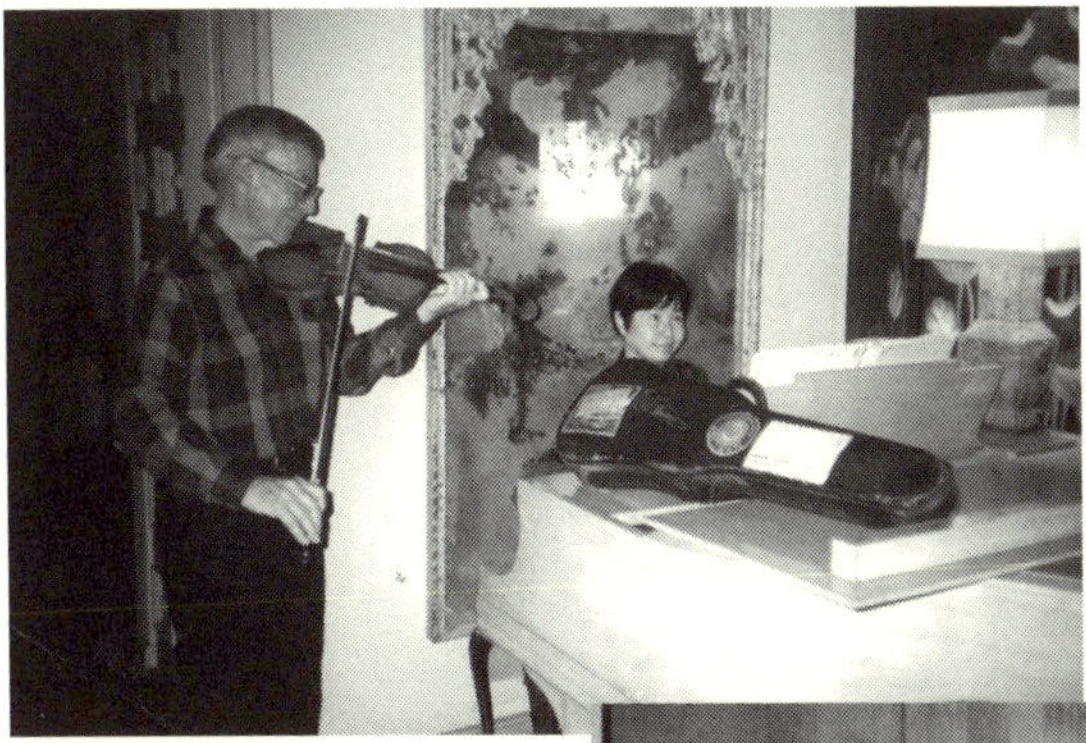

自宅居間で母からもらった愛用の
ヴァイオリンを弾くクラウダー

トキを描いた自作の屏風絵の前で

五高卒業生に贈った色紙とメッセージ

年夏に再び来日。東京・有楽町にあった井上英会話スクールで英会話教師をしながら、日本画家、望月春江門下で日本画の勉強を始めた。附立流筆画、尾形乾女にも指導を受けた。教鞭とは別に日本旅行協会（現在のＪＴＢ）出版の旅行雑誌『ツーリスト』や日本郵船株式会社の『トラベル・ブリテン』にも挿絵入りで寄稿している。

五高教師に就任したのは、井上英会話スクールで東京帝国大学教授を務めていた英語学者、市河三喜の夫人晴子（随筆家）に英会話を教えたことから、市河教授の推挙を受け、五高教師に採用された。

クラウダーの着任日——昭和一四年九月一日は、ヨーロッパでドイツ軍が宣戦布告なしにポーランドを攻撃し、第二次世界大戦が勃発した日である。英仏がドイツに宣戦布告したのは、その二日後だった。

戦火は瞬く間に世界各地に広がった。日本は欧州戦争への不介入を表明していたが、二年前の七月に盧溝橋での謎の発砲事件から始まった日中戦争は泥沼化していた。防諜取り締まりの強化によって、滞日外国人に対する監視の目も一段と厳しさを増していた。

しかし、五高の中は、戦時下にありながらもリベラルな雰囲気が漂っており、クラウダーも多くの教授陣の歓迎を受けて外国人第一官舎の住人になった。自然を愛した彼は、自らシャベルで玄関から小道を作り、色々な草花や野菜を植えた。山羊、うさぎ、鶏も飼った。東京時代から可愛がっていたオウムのゴンベイは、英語を話すぞと生徒たちの人気者になった。

隣の官舎には、ドイツ人教師、ドルが家族と共に住んでいた。ドル夫人に頼まれたのだろうか、クラウダーが東京から連れてきた秘書小林亨の妹は、しばらくしてドル宅に住み込み、家事の世話をするようになった。

官舎はいつも生徒たちの声で賑わっていた。ボーイとしてクラウダー宅に住み込んでいた浪人生、上田耕三（実兄は五高昭和一七年三月卒の上田圭助、福岡県出身）は証言する。

「官舎には毎晩のように学生たちが数人やってきました。そうすると、私は秘書の亨さんの指示で今日はコーヒー、明日はココア、その次は紅茶といった具合に接待の準備に追われた。当時、私は受験生の身で勉強したかったので、内心、早く学生たちが帰らないかなと思ったものです」

クラウダーは、生徒たちに絵の指導をする代わりに書道を習っている。生徒の一人、菅沼滋（昭和一八年卒、長崎県出身）は「先生は梅干しが好きで、墨絵が旨い先生であった」と話した。クラウダーに描いてもらった「色紙――カニの絵」は、生涯の宝物となった。

授業は英会話中心であるが、生徒たちにはテーマを出して発表させた。この指導方法は、かつて五高教師を務めたラフカディオ・ハーンとそっくりである。いつのまにか、生徒たちから「ラフカディオ・ハーン・ナンバー・ツー」と呼ばれるようになった。

生徒たちは熱心だった。北九州・若松から入学していた岡田安雄（昭和一七年九月卒、山口県出身、裁判官）は、中学時代に英語を使ってみたくて、上陸してきた外国人船員に話しかけた。ところが、学校当局から防諜上、問題があると注意され、外国人との接触禁止を通告された。五高でクラウダーから英会話を学べることは大きな喜びだった。

「私が先生にスピーチを命じられた時に『西洋人は日本人が生の魚肉を食べるのを野蛮な風習というが……』と述べたところ、先生は刺身を食べることが野蛮な風習とは思わない。西洋人も生の牡蠣を食べるから、今度、そういう西洋人に会ったら言い返しなさいといわれました。しかし、時節柄、米国人に言葉をかける機会はありませんでした」

九州電力社長を務めた渡辺哲也（昭和一七年九月卒、熊本県出身）もクラウダーに感謝していた。

「先生の授業は、本当に楽しかった。他の先生が休講になった時に官舎に出かけて繰り上げ授業を頼んだことがあるが、先生は『ＯＫ』と気軽に応じてくれた。戦時下にあって、英会話の力がついたのは先生のおかげです」

授業のやり方も、クラウダーには工夫がみられる。市河三喜教授が五高の授業を参観したとき、彼は、黒板に語句をバラバラに書いて、生徒たちに一つの散文詩になるように指導していた。市河教授はそんな彼の指導方法を見て素晴らしい授業だと褒めた、という。戦争がクラウダーを日本から引き離さなければ、ラフカディオ・ハーンと同様、帝国大学から教壇に迎えられる外国人教師になったかもしれない。

休日は、スケッチブックを携えて、水前寺公園や細川家菩提寺「泰勝寺」を散策したり、阿蘇山に出かけたりした。が、五高敷地から外に出ると、官憲の目が追いかけてくる時代に入っていた。
ある日クラウダーは、ボーイ上田耕三の実兄、圭助に佐賀高校の英語教授に来ないかと誘われたと漏らした。戦局がひっ迫し、佐賀高校では外国人教師が本国に帰り、英会話の授業が出来なくなっていた。このとき上田は、教授になるのなら朗報であり、佐賀もいいところですよと勧めた。しかしクラウダーは躊躇した。「今、佐賀に行けば、外国人が旅行したと思われて警察に捕まるかもしれない」と案じていたのだ。

佐賀高校では、クラウダーの五高着任より二カ月前に米国人教師アーサー・ギルマ・ヘンリーが夏季休暇を利用して広東大学教授を務めていた父に会うために中国旅行中、立ち入り禁止区内に入ったとして逮捕される出来事が起きていた。ヘンリーは現地で釈放されたが、クラウダーの耳には、ヘンリーの受難が五高関係者から伝わっていたのかもしれない。上田圭助は「先生にとっては悪い話ではないが、時節柄、それもそうだと思って、先生にやめるように話しました」と述べていた。

前章でも触れたように、太平洋戦争開戦の九カ月前に「国防保安法」が制定され、国家機密の漏洩や治安を損なうような事項の流布に対して厳しい処罰を科すようになった。流言飛語罪も新たに付け加えられた。

『熊本県警察史』(第二巻)には、防諜取り締まり規定強化による、撮影禁止の場所が事細やかに記されている。熊本県全域が取り締まりの対象であるが、とりわけ熊本市内は、軍施設のほか、駅や橋、官公庁、工場といった多様な施設が散在しており、クラウダーがスケッチのために五高の裏山に当たる立田山に出かけ、町の風景を眺めるだけで、軍の機密に触れることになりかねない。警察官の裁量次第でいつでも逮捕ができる、恐ろしいご時世になっていた。

生徒たちもクラウダーを慕って官舎に遊びに行っても、一緒に写真を撮ることを遠慮するようになった。中島最吉（昭和二五年卒、熊本県出身、熊本大学名誉教授）が、筆者に生前、こんな話をしていた。

「ロサンゼルスの自宅を訪ねた折に、官舎の中で学生と一緒に撮った当時の写真を見せたことがある。ところがその時、一瞬ですが、クラウダー先生が鳥肌を立てたように見えました」

一枚の写真が、五高から一歩外に出れば、官憲に逮捕されるかも知れない、そんな悪夢の時代をよみがえらせたのだろうか。

大学ノートに綴っていた拘禁、抑留の日々

筆者が初めて米国ビバリー・ヒルズの閑静な高級住宅地にクラウダーを訪ねたのは、平成六年秋だった。訪問のきっかけは、突然舞い込んだ一通の手紙である。差出人はクラウダーの指導を受けていた秘書のアーティスト、棚野泰全氏（米国在住、日本画院顧問）。手紙には、クラウダーが平和の大切さを語り継ぐために、抑留体験を綴った日記（散文詩）の出版を希望していると書かれていた。

クラウダーの名前はいつも頭の片隅にあった。『旧制高校史発掘――五高その世界』を取材中に熊本県警が発行した『熊本県警察史』に「太平洋戦争が勃発すると同日、早くも諜報容疑で全国一斉検挙があり、本県では第五高等学校の外人教師一名を検挙」との短い記述を見つけ、彼の行方を捜した。が、消息を伝える資料がなく、連行後の足取りもぷっつりと途切れていた。棚野氏が熊本大学に問い合わせの手紙を送らなかったら、クラウダーの消息はわからなかっただろう。

お会いすると、見るからに温厚、親切な老紳士。当時、八三歳だった。ベランダから庭を眺めると中心部にプールがあり、その向こうで野生のリスが顔をのぞかせていた。庭園には、睡蓮が美しく映えた形の良い池が配置され、日本の草花が色とりどりの花を咲かせていた。

午前中はインテリア関係の仕事をし、午後は閑静なアトリエに籠り、「滅びゆく鳥たち」をテーマに屏風絵制作に取り組んでいた。

肩書は、東洋美術のコレクター、インテリア実業家、壁画画家、そして「黒田正次」の雅号を持つ日本画家である。顧客名簿には、米国大統領を務めたレーガンや女優のエリザベス・テイラー、ウォルト・ディズニーなど世界的な著名人の名前がずらりと並んでいた。

クラウダーは、日本の美との出会いから話し始めた。

「五高に赴任する前に東京で望月春江門下に入り、日本画の手ほどきを受けました。日本美の世界に魅了されたのです。私は、本当はアメリカではなく、日本に生まれてくるべき人間だったのかもしれません。熊本は、私の大切な第二の故郷ですよ。熊本を訪問する機会があれば、泰勝寺（熊本藩主細川家の菩提寺跡）に出かけて、雨がしとしとと降るなか、雨傘をさして、いつまでも、苔むす庭を眺めていたい」

クラウダーへのインタビューは、棚野氏や同行の翻訳者、渡辺章子氏（カナダ在住の医学博士）に通訳のお世話をかけながらだったが、彼は長い歳月を一気に埋めるかのように、当時の模様をゆっくりと、穏やかな口調で語ってくれた。なかには、できることなら思い出したくないこともあったに違いない。今の平和な日本から想像もつかないほどの過酷な日々を送っていた。

クラウダーは、あの日（五高最後の日）、いつものようにドイツ人教授ドルの住む第二官舎の前を通りすぎたあと右折し、右手に東光原と呼ばれる小グランドを見ながら、サインカーブと呼ばれる桜並木を歩いて教場に向かった。開戦の報はニュースで放送されていたが、秘書の小林亨が所要で朝早く出かけ、他の家人もラジオを聞いていなかったため、何も知らないまま文科甲類の教室で教壇に立った。その瞬間、教室に緊張が走った。

クラウダーは、一九九四年（平成六年）秋に刊行された学会誌『The Journal of American –East Asian Relations』（真珠湾攻撃特集号）の求めに応じ「真珠湾前後の私の日本生活」との題名で寄稿した。このレポートに記された授業の模様は、次のようなものである。

「……一九四一年一二月八日、月曜日の朝、私は授業に出かけた。学生は全員出席しており、全ていつもと変わらないように見えた。一人の学生が立ち上がって一礼してからこう言うまでは。『日本とアメリカは戦争になりました。今やあなたは敵国人です。あなたはこのことをどう思いますか』。
あまり突然のことに私は質問に答えるどころか、ほとんど失神しそうだった。激しいショックにしばらくはただ茫然と立ち尽くしていた。やっと何とか『授業中止』を告げることができた。学生全員が起立し、丁寧におじきをした。私もおじきして、すぐに官舎に引き返した」（渡辺章子訳）
岡田安雄にとって、級友の言葉は衝撃的だった。岡田はクラウダーに長文の手紙を寄せた。
「私は中学四年生頃から五高生になった頃までは日本の対外関係や世界の情勢に強い関心を持っていましたが、その後の関心が人間の内面の問題に移り、…（略）…（その日の）朝、寮の仲間から開戦のことと大戦果を挙げたことを聞いて驚くとともに高揚した気分になって、単純にその戦果を喜んだのですが、今まで祖国がそれ程までの厳しい国際情勢の中に置かれていたことも知らずに学生生活を送っていたことに内心忸怩たるものを感じたというのが、正直なところでした。従って、先生が米国人だからといって特に敵意を抱いたこともなく、こうなったら武士道精神で相対したいと思ったので、級友の言葉は残念でした。先生が顔色を変えて教室を去られた後、私は、級友の発言の直後に立って何か適当なことを言うべきであったと後々まで残念に思い、そ

の日のことを忘れることができませんでした」（一九九四年一月三日付）

岡田は筆者にも「今でも、あの場面を思い出すと、日本人としてクラウダーの心をふみにじったのではないかとの気持ちに襲われる」と話していた。

岡田の証言と食い違う級友の声もある。「私たちのクラスに、クラウダー先生にあなたは敵だといった級友はいなかった」というのだ。菅沼滋（昭和一八年卒）も次のように記述している。「鐘が鳴って間もない頃、教室に小使さんが入ってきた。彼は一礼すると紙片を教卓の上にていねいに置いて出て行った。出欠を取り終わった若き外人教師クラウダー先生の白い頰が紅潮したかと思うと、薄い唇が動いた。Good-bye, everybody, Good-bye と言い残して去ってゆかれた先生の寂しそうな微笑がまだまだ生々しく残っているのである」（『落葉草子』）

クラウダーが教室を去っていく場面については様々な証言がある。どれも正しかったのではないかとも思えてくる。しかし、より大切にしたい視点がある。それは、当時の教室事情が、衝撃的な戦争の始まりによって異様なムードとなったこと、そして誰もが、辛くも身を支えるようにしながら教室を去った「クラウダーのその後」を思いやるような、心の余裕を失ったことである。岡田は自分の記憶の真偽を確かめるべく、級友の一人に手紙を出した。しかし、その友達からの返事は「残念ながら、そのことは全く覚えていない」だった。戦争は人の記憶まで吹き飛ばす熱源を内包している。

クラウダーが官舎に帰ると、秘書の小林と隣のドル宅で働いていた妹が玄関に立っていた。

「二人の顔は不安に青ざめていた。兄妹の後ろに二人の警察官が待ち受けているのが見えた。別れはあわただしく、心傷んだ。警官に連行されるかたちで家を出た。通りに出ると、商店主たちが、店の表で頭を下げ、『サヨナラ、サヨナラ』と言っている。私は夢うつのままに彼ら一人一人に頭を下げながら、やっと通りを抜けた」(「真珠湾前後の私の日本生活」)

連行先は熊本中央警察署。主人のいなくなった官舎では家宅捜索が始まり、書物や日記、写真、手紙などがごっそり押収された。その夜は刑事部屋で一夜を過ごしたが、翌日から厳しい尋問が始まった。机の上に押収品の数々が並べてあった。容疑はスパイ罪に当たる「諜報容疑」だった。

「取り調べが始まると、警察官は、官舎から押収した知人の手紙やスケッチブックなどを示し、何の目的でスケッチしたのか、映画館で不審な女性と会っているが、その女性はだれか、等、繰り返し質問した。私は、映画館で女性に会ったこともなく、思い当たることがなかったので、何と答えてよいのか分からなかった。熊本の真冬は、厳しく、寒くて震えているのに、警察官は、ストーブを足でわざと遠くに離した」

「独房の灯りは、隣の房と共有の暗い裸電球一つ。高いところにすりガラスの小さな窓があるが、外を見ることは出来なかった。冷え切った部屋、片隅に穴を開けただけの便所があった。早朝、看守が『ウンドウ』『ウンドウ』と叫んで回り、囚人全員がコンクリー床に裸足で整列させられた。扉の脇に藁草履が置いてあった。階段を降りると、高い壁に仕切られた庭（小運動場）があり、霜柱の立った庭の中を草履が脱げないように指に力を入れて駆け回った。本当につらかった」

「看守の号令で、殺人犯や窃盗犯など七人の囚人と一緒に入浴した。ふろの中はぬるく、垢で濁っていました。体が芯から冷え切っているため、耳たぶのところまでつかって体を温めようとすると、すぐにアガレと大声で言われた」

寒くて暗い独房生活は約三カ月。クラウダーは棚野氏に、「最初に独房生活が三カ月と知らされていたら、絶望的になって自殺していたかもしれない」と漏らしている。

クラウダーは、バイオリンと印鑑、古い石鹸箱を大切に保存していた。それらの品は、二つの茶碗とともに捕虜交換船で送還された時に持ち帰った、大切な宝物である。

印鑑は、小林が熊本刑務所に差し入れてくれた手製のものである。刑務所内で日本語が使えず、せめてサインだけでも、との配慮から彫ったものだ。平仮名で「くらうだ」と彫られているが、「だ」の印字の濁点は、左右逆になっていた。彼は、屏風絵などの制作署名に添えて、この印鑑を押印していた。

石鹸箱も小林の差し入れだ。青緑色の箱フタには五高のシンボルである松葉が銀色でデザインされている。殺風景な独房生活を送っていた彼にとっては、小林との友情を確かめるだけでなく、恋がれていた「日本美の世界」につながる唯一のものだった。
「最初にセルロイドの石鹼箱を手にした時のことが忘れられません。松葉のデザインを見ながら、どこかに警察に分からないようにメッセージが伝えてないか、一生懸命、解読に務めました。これは徒労に終わりましたが、手紙も許されない状況下、この石鹼箱の美しい色にどんなに慰められたことか、言葉で言い表せません」

ハンセン病病院施設で軟禁生活を送る

クラウダーは昭和一七年三月九日、独房生活から釈放された。『外事月報』（昭和一七年三月分）には、クラウダーが「熊本県に於て軍機保護法違反容疑を以て、検事取調中なりしも、容疑薄弱となり本月九日以降自宅に於て抑留中なりしところ、三月三〇日其の身柄を長崎県へ移送せり」と記載されている。

現実は、自宅の五高官舎に帰ることは許されず、五高裏手の立田山山麓にあるハンセン病療養所「回春病院」敷地に軟禁され、警察官の監視の下に秘書の小林と二人で暮らした。

寝起きしたところは、回春病院内に建てられていたハンセン病菌研究所（現在のリデル、ライト両女史記念館）の二階建て洋館で、開設者のハンナ・リデルの姪、エダ・ライトの住居だった。

しかし、ライトはすでにおらず、回春病院の患者の姿も見えなかった。太平洋戦争が始まる一〇カ月前の二月三日に突然、回春病院に解散命令が出され、患者五八人がトラックに乗せられ、別の施設「九州療養所」に強制移送されたのだ。

ライトは、患者を移送する最後のトラックにしがみついて阻止しようとしたが、どうすることもできなかった。トラック上から、患者たちの讃美歌が突然、沸き起こった。

ライトは、この日の悲しみを日記に「政府は、私から愛する病者たちを奪った。病院は空になった」（『リデル、ライト両女史記念祭報告書』）と綴っている。ライトもまた、スパイ容疑をかけられていた。同年四月、傷心のままオーストラリアへ去った。

クラウダーが軟禁されると、回春病院の周囲には立ち入り禁止の柵が設けられた。クラウダーは面会を許されず、秘書の小林だけが食料を買い求めるために外出を許可された。

クラウダーの軟禁は五高内で秘密にされていたが、英語主任教授、岡本清逸は一度だけクラウダーを訪ね、クラウダーが褒めていたカフスボタンを記念に贈っている。

軟禁の噂は一部の生徒たちに広まった。小森利男（昭和一九年卒、福岡県出身）は、友人と一緒に訪ねた日のことを鮮明に覚えていた。

「友人と柵の外から、クラウダー先生と何回も大声で呼んだところ、先生が二階の窓から顔を出し、歩いて柵の所まで来たのでびっくりした。本当にいるとは思っていなかった。あの時、どんな話をしたかは思い出せないが、嬉しくて一生懸命握手をしたような気がします。先生はたった今、監視の警察官が帰ったところだから、当分は大丈夫と言っていました」

クラウダーは、約一カ月後の三月末に長崎市城山町（現在の若草町）の聖マリア学院に移され、その後、横浜市のバンドホテルや根岸競馬場と呼ばれた横浜競馬場（神奈川第一抑留所、横浜市中区根岸、現在は森林公園一帯）、神奈川県・足柄山の麓にある古い洋館で抑留生活を送った。

聖マリア学院には、クラウダーの外にフランス人宣教師、オランダ人ら多くの英米系外国人が収容され、時にはカードゲーム「ブリッジ」をしたりして、日々を慰めた。当時の建物は、一九四五年八月九日の長崎原爆で破壊され、現存していない（今も同地に同名の学校が存在するが、経営体は変わっている）。

バンドホテルは、横浜市中区の山下公園に続く一隅に開業していた由緒あるホテル。女性経営者の息子、中西武頼氏に電話取材したことがある。氏は「当時、横浜で外国人が宿泊できるホテルは、バンドホテルのほかは、ニューグランドホテル、ブラスホテル、センターホテルしかなく、バンドホテルには多くの外国人が収容された。私は戦争が始まると、軍隊に行ったので詳しくはわからないが、妹二人がピアノを習っていたので、外国人収容者に弾いて聴かせたこともある」と話していた。ご一族は、今でもご健在だろうか。

横浜競馬場の収容施設は、厩舎を改造したような部屋だった。このあと、クラウダーは、富士山のふもとに位置する山北の地に移った。彼の記憶では「人里離れた山林の中にあったカトリックスクールの廃屋で、外界から完全に隔離され、世界や様々の厄介ごととはまるで無縁の様だった」。

地元の山北町の郷土史家は、随分昔の話で恐縮だが、筆者の取材に「山北には、確認できる記録が残されておらず、フランス人が所有していた洋館だったのではないか」と推測していたが、その後、小宮まゆみ氏（横浜英和女学院中学高等学校教諭）の調査・研究により、横浜競馬場に抑留されていたクラウダーら五三人が東海道線国府津駅から御殿場線に乗り換え、山北駅で下車し、足柄郡北足柄村（現南足柄市）内山に作られていたカトリック修道会マリア会の山荘に移転したことがわかった。この施設は、同会が設立した暁星中学校（東京都千代田区富士見）の夏期施設として利用されていたもので、建物は、建坪八八坪の二階建て木造洋館と八九坪、二階建て茅葺き日本家屋、そして付属の物置と風呂場があったという。（『敵国人抑留――戦時下の外国民間人』）

山北では食糧が一段と乏しくなった。クラウダーたちは裏山に出かけ、ゆり根、ゼンマイ、タケノコなど、食べられそうなものは、なんとかして食べなければ空腹をしのぐことができなかった。毒を持った野草を食べて食中毒になったこともある。

食中毒事件は収容所の取り調べ前日に発生したため、料理人が自分の責任を問われるのではないかと心配していたという。クラウダーは「警察官や料理人の横領もあり、口に入るものが次第に減っていくのがとてもつらかった」と回想していた。

美しい姿を見せる富士山には癒された。クラウダーにはいつまでも心に残る懐かしい思い出がある。富士登山をした時に登山口あたりで大切にしていた風呂敷包を落としてしまった。ところが下山すると、一人の老婦人がクラウダーの風呂敷を持って、長い時間、帰ってくるのを待っていた。クラウダーはその老婦人のことが忘れられず、後年、米国で英文詩誌を刊行した折、老婦人の優しさを偲んで、タイトルに『The Blue Furoshiki』と名付けた。

捕虜交換船で帰国、日本では学徒出陣始まる

クラウダーは昭和一八年九月一三日に横浜港から第二次捕虜交換船「帝亜丸」に乗船し、翌一四日、出航した。「帝亜丸」に乗り込む時に、母からもらった愛用のバイオリンを警察官に取り上げられたが、返還を求めて粘り強く交渉し、やっと取り返した。「もしもこの大切なバイオリンが持ち帰れないなら、帰国できなくても仕方がない」と思い詰めていた。

「帝亜丸」は、大阪―上海―香港―サンフェルナンド〔フィリピン〕―サイゴン―シンガポールを経由してインド半島西にあるモルムガオに入港した。ここでクラウダーらは米国船「グリプスホルム」に乗り変え、一二月一日にニューヨークに到着した。

クラウダーが帰国した日、日本では学徒出陣が始まった。昭和一八年一〇月一二日に「教育に関する戦時非常措置方策」が閣議決定され、学生の徴兵猶予が停止となった。二〇歳以上の徴兵年齢に達していた学生たちは一二月一日に学業を捨て、入営〔海軍は一〇日〕した。

五高からの学徒出陣の詳細は、薄田千穂氏〔熊本大学五高記念館研究員〕らの調査・研究によって、熊本大学五高記念館叢書『第五高等学校の学徒出陣』に報告されている。それによると、徴

集延期停止に伴って入隊した五高生は、一二月に陸軍へ三七人、海軍へ一一人、一カ月後に特別志願制度により、陸軍へ二人が入隊した。また昭和一九年には、海軍予備学生及び陸軍特別幹部候補生の募集により、海軍予備学生二一人、陸軍特別甲種幹部候補生三四人、翌二〇年に陸軍特別甲種候補生一九人が入営した。

五高では、学徒出陣方策が閣議決定された翌日の一〇月一三日に講堂で「出陣学徒壮行会」が行われた。送られる生徒は五〇人。この中には、理科生のために徴兵猶予停止措置が取られていたため、自ら退学届を出して入営を志願した理科二年生一人も含まれていた。

文科代表、桟熊獅（昭和一九年卒、佐賀県出身）は、校長・添野信（第一八代）の壮行の辞、教授・竹原東一（大正一二年卒、福岡県出身）と理科代表生徒の挨拶に続いて、答辞を読んだ。

「天高く雲流る。悠久の自然を他に世界史は躍動す。…（略）…我等出陣の天爽けく晴れたる朝、坦々たる心のまま豊に微笑みて家門に立ち見送るらむ父母にかく語らむ。『右手に剣とり、左手に筆捨つることとなし、闘ひ且学ばむ』と。…（略）…我ら敵弾被り先ず両脚もぎ奪はるれば、両手もて掻き進まむ。その両手更に飛び散らば、根限り体ゆすぶりて横転し以て敵陣に肉薄せむ。…（略）…遂に顔面に弾受け口に物嚙む力なく進む能わず、生命絶つとも魂もて敵陣に飛びゆかむ」

桟熊獅は、取材当時、佐世保市長を務めていた。「答辞は、前夜、知人宅で一気に書き上げた。読み終え、これで五高を去るんだと思った時、とても悲しくなった」。

習学寮からは七人の寮生が出陣した。惣代の加田勉（昭和一七年四月入学、三重県出身）は、当番日誌に長文の遺言「出陣に当りて」を残した。内容は、剛毅木訥を生命とする寮風の振興を願いながら「習学寮は夢の国、夢の実現する国なり、習学寮を永劫に捨つるなかれ、汝が美わしき夢を」と綴ったものである。加田にとって寮は青春そのものだった。昭和二〇年六月にルソン島で戦死し、二度と五高に帰ることはなかった。同級の森興彦（同、東京都出身）は、五高から学徒出陣後に習志野戦車隊から特別操縦見習いを志願し、第八飛行師団に編入され、二〇年四月に沖縄方面に特攻出撃し、久米島西方の戦闘で戦死した。

大学進学後に学徒出陣した学生たちのうち、多くの五高卒業生が、クラウダーが教壇に立っていた昭和一四年夏から一六年一二月までの期間に在学した教え子だった。

東京では、五高壮行式から八日後の昭和一八年一〇月二一日に明治神宮外苑競技場で、東条首相らの閲兵の下、出陣学徒大壮行会が挙行された。招集されたのは、東京都など関東地方の官公私立大学、高等専門学校、高等学校、師範学校、計七七校の学徒たち。校旗を先頭に制服制帽にゲートル、肩に三八式歩兵銃を担いで分列行進した。

分列行進の先頭は東京帝国大学だった。クラウダーを敬愛していた渡辺哲也（昭和一七年九月卒）は、「私は前の方で行進しました。白地に『大学』と記された校旗が秋雨にぬれて重く見えました」と話していた。

行進の列には、戦艦大和と共に最期を遂げた東大生、森一郎（昭和一七年三月卒、岐阜県出身）もいた。森一郎は東大で行われた出陣式で出陣学徒総代として答辞、宣誓を行ない、一二月一〇日に海軍に学徒出陣した。

『第五高等学校の学徒出陣』によると、彼は、大竹海兵団、兵科予備学生四期、航海学校を経て海軍少尉となり、戦艦大和の艦長付として、沖縄水上特攻に参加し、二〇年四月七日に、すでに制海権を失った九州南方海域で米軍機に攻撃され、戦艦大和と共に水没・戦死した。「海面に投げ出されたあとも、最期の瞬間まで大声を出し、仲間たちを励ましていた」と伝えられている。

神宮球場のスタンドでは、のちに熊本日日新聞論説委員長を務めた東大生、平野敏也氏（昭和一八年卒、熊本県出身）らが、先輩や友人たちを見送った。平野氏は四〇年後に東大国史学科の同期生たちと『学徒出陣の記録――あるグループの戦争体験』を出版し、「人生二五年、宇宙の悠久にくらぶれば人生はしょせんはかない。いかに生き、いかに死ぬか、私はそんなことを静かに考えた」と綴っている。

「海行かば　水漬く屍　山行かば　草むす屍　大君の辺にこそ死なめ　かへり見はせじ」。戦時下、国民は、ラジオから流れてくる「海行かば」を何度耳にし、何度涙したことだろう。文部省、大政翼賛会は、太平洋戦争開戦後に「海ゆかば」を公式行事に使用することを正式決定した。この歌は、昭和一二年に政府が国民総動員強調週間を制定した際に、日本放送協会（ＮＨＫ）の嘱託を受けて、作曲家、信時潔が作曲したもので、国民の戦意高揚を盛り上げるための国民歌謡だった。

太平洋戦争が始まると、準国歌の扱いを受けて、大本営発表の放送時に流されるようになった。昭和一八年一〇月一六日に開催された戦前最後の早慶戦野球試合（戸塚球場）では、両校学生が応援歌で健闘をたたえあったあとに、選手と応援団が一体となって合唱した。

そして「海ゆかば」は、戦争末期に「玉砕」を伝えるラジオ放送の葬送曲となった。近代日本の青春が終わりを告げていた。

日本画家に転身、平和を願い「屛風絵展」開催

ニューヨークに帰ったクラウダーの話に戻ろう。故郷のベスニーへ帰ったが、音楽や美術への目を開かせてくれた母は他界していた。小さな町で「どうにも窮屈」だった。シカゴに移り、ミシガン通りの花屋で働いた。

仕事は順調だった。日本で学んだ生け花を生かしたフラワーデザイン、壁絵制作、仏像画、屛風絵も描いた。その一方で、市場に出回った屛風絵や絵巻物、漆器、袈裟など日本伝統の芸術品を手当たり次第に買い集めた。「驚くほど安かった」そうだ。（クラウダーのコレクションは、昭和五〇年の昭和天皇訪米を記念し、同年九月から翌年一月までカリフォルニア・パサデナで開かれた日本屛風絵展で展示された）

クラウダーのアーティスト活動は美術関係者の注目を集め、映画俳優たちが屏風絵の顧客になり忙しくなった。そこでクラウダーは、シカゴの室内装飾家と共同経営でアート制作会社を設立し、活動拠点をロサンゼルスに移した。「経営面を人に任せて、描画とデザインに専念することができるようになりました」と語っていた。

終戦の日（米国は八月一四日）はシカゴで迎えた。クラウダーの誕生日だった。この日、終戦の報が伝わると、町中の人々が一斉に家や仕事場から外に飛び出してきて大声をあげ、口笛を吹いた。道路を走っていた車も停まり、クラッションを一斉に鳴らした。歓喜の叫びだった。「ノーモア戦争」は米国人たちの切実な願いでもあった。

クラウダーは、平成一四年五月にロサンゼルス市のダウンタウンにある日米文化会館で屏風絵展を開催した。会場の入口に立てられていたメインテーマ「滅びゆくにっぽんの鳥たち」の題字は、歌手の加藤登紀子さんが達筆な書で揮毫した。

展示されていた作品は「トキ」「ヤイロチョウ」「ヤンバルクイナ」「ライチョウ」「オオアカゲラ」「ブッポウソウ」「イヌワシ」といった、絶滅の危機に立たされている鳥たちを描いた屏風絵だった。「戦争に勝ち負けなんかない。人間のおごりが戦争のような愚かな行為や環境を引き起こしてしまう。鳥たちが滅びるような地球になれば、いつか人間も滅びる」――屏風絵には、そんなクラウダーの平和を願うメッセージが託されていた。

クラウダーの消息がわかってから、多くの五高卒業生たちがロサンゼルスに出かけ、「先生、もう一度日本にお出でください」と勧めた。クラウダーはいかにも嬉しそうだったが、帰っていく教え子に次のような言葉をかけることも忘れなかった。

「戦争が私を大好きな日本から引き離してしまった。だから私は、アメリカで自分の日本を創っている。貴方たちも日本であなた自身の日本を創ってください」

クラウダーは平成二二年（二〇一〇年）一二月八日朝に九九歳で死去した。この日は七九年前に始まった太平洋戦争の開戦記念日にあたる。

クラウダーの遺骨は、彼が信頼していた棚野泰全氏が、ロサンゼルスから遠く離れたクラウダーの故郷、ベスニーの町まで三昼夜かけて車で走り、二〇一三年六月二六日に埋葬した。

棚野氏のメールには「墓地の中の一番西端の最前

教え子を見送るクラウダー（故鈴木久雄氏提供）

列の区画で、西に向かって永眠しています。毎日、クラウダーは夕日が沈むのを最後まで見送っています。私たちが日本で見る朝陽は、クラウダーが前夜見守ってくれたものだと思うと、胸が熱くなりました」と記されていた。

棚野氏は、クラウダー逝去後、ロバート・クラウダー基金を設け、クラウダーが日本画を学んだ望月春江の娘、鈴木美江氏が理事長を務める日本画美術団体「日本画院」展にクラウダー賞（留学資金援助）を提供した。すでに七人を超える若手の日本画家がロサンゼルスに出かけている。クラウダーの授業は、今も形を変えて続いている。

一三章　五高のシンボル教師ゲオルク・H・ドルの終戦前後

連合軍最高司令官、ダグラス・マッカーサー元帥は、昭和二〇年（一九四五年）八月三〇日午後二時、C五四輸送機「バターン号」でサングラスにトレードマークのコーン・パイプをくわえて、厚木基地に降り立った。日本軍の武装解除が終わっていない段階で、わずかな手勢で敵地に乗りこむことに幕僚たちは強く反対したが、マッカーサーは聞き入れず、「これが映画でいう結末だよ」と言ったといわれている。このあと、横浜のニューグランドホテルに入った。連合軍最高司令官総司令部（GHQ）が、皇居前の第一生命館（現在はDNタワー21）に設置されたのは一〇月二日である。

ヒトラーは四月三〇日に自殺した。ドイツは、日本よりも一〇一日前の五月七日にフランスのシャンパーニュ地方の中心都市ランスで無条件降伏に調印し、一二年間にわたるナチス帝国は崩壊した。

日本では、原子爆弾が、八月六日に広島、三日後の九日に長崎に投下された。ラジオは八月一五日正午、昭和天皇自らが録音した終戦詔書「玉音放送」を流し、国民は戦争終結を知ることになった。

同日付の「東京朝日新聞」には、「戦争終結の大詔渙発さる」「新爆弾の惨害に大御心　帝国、四国宣言（ポッダム宣言のこと）を受諾」「畏し、萬世の為太平を開く」といった見出しが大きく踊り、終戦詔書の全文が掲載された。

この章では、英米系外国人教師が不在となった旧制高校の世界で、五高教師ゲオルク・H・ドルら滞日ドイツ人教師が終戦前後の日々をどのように過ごしていたのか、その足跡の一端を追いかけてみる。

「さる五月八日の夕べのことだ。全欧州の教会という教会の鐘は、平和回復のよろこびを諳々《あんあん》たる余韻に託して、鳴り響いていた。ふたたび起こった独逸は、ふたたびそこに屈したのだ。天は勝敗を公平には分配しない。わが伯林大使館の防空壕地下室で、われわれはその鐘の音を人ごととしてきくことはできなかった」

この文章は、朝日新聞社ベルリン支局長、守山義雄が伝えたレポート「ヒットラー来り去る」（昭和二〇年九月一七日付）の一節である。彼はチャーチルの戦勝演説もラジオにかじりついて聴いていた。「余はこの度の戦争を通じて我々イギリス人が持っている議会制度が政体として地球上で最もすぐれた組織であることを確信した。大英帝国の勝利は、実にわが政体の勝利、言論の勝利であった」。

ドイツ軍が一九四〇年夏にフランスを占拠し、ベルリンに凱旋した時、ヒトラーは「余はますます国家社会主義者として徹底するだろう」と演説した。ナチスの独裁体制に絶大なる自信を深めるヒトラーの熱弁に、国民は酔ったように「ハイル・ヒットラー」と声をあげた。ヒトラーが自殺に追い込まれたのは、それからわずか五年後のことである。


ドイツ敗戦のニュースは日本にもただちにもたらされた。軽井沢万平ホテルに疎開をしていたドイツ人たちはホールに集まり、大使館館員からヒトラーの自殺や敗戦の知らせを聞いた。夫人たちや子供たちから一斉にすすり泣きの声が上がった。

日独文化協会最後のドイツ人主事を務めていたヘルベルト・ツァヘルト（松本高校教師）の妻ズザンナは、『ズザンナさんの架けた橋』で、当時の率直な気持ちを綴った。

「こみあげてきたのは、むしろ『これで終わった』という安堵の思いだった。とにかく、これ以上、血がながされることはなかったのだ」

しかし、ズザンナの心はすぐに萎えてしまう。日本がドイツの降伏にもかかわらず「戦争遂行の決意は不変である」との声明を出したためだ。夫のツァヘルトも「日本人は徹底抗戦するだろう…（略）…いずれにしても、ぼくたちは敗戦国の人間だ。どんな扱いを受けることになるかわからないってことだけは、覚悟しておいたほうがいいだろう」と話した。

日本の戦争続行はドイツ人社会に衝撃を与え、複雑な不協和音を生んだ。それまで肩で風を切って街を闊歩していた親ナチスのドイツ人たちは、ズザンナと顔を合わせると逃げるように立ち去った。「日本人はドイツの降伏が身勝手だと怒っている。今、町に出かけていけば殺害される危険がある」――そんな噂も駆け巡った。関東大震災時に日本人が朝鮮人を虐殺した、あの悪夢がよみがえったのだろうか。

ドイツ向け放送を続けたNHKアナウンサー、グライル

五高でドル先生（当時はゲー・ハー・ドル博士と呼んでいた）の代理教師を務めたNHK国際放送アナウンサー、フリードリッヒ・カール・グライル（在職、昭和九年四月〜七月）は、空襲下も疎開せず、東京で終戦を迎えた。

彼はドレスデン美術学校在学中に写楽の絵に感動し、昭和三年に来日した「浮世絵、歌舞伎の研究者」である。北海道大学予科や五高でのドイツ語の臨時教師を務めたあと、昭和一二年からNHK海外短波放送のドイツ語アナウンサーに採用され、ドイツ向け放送を担当した。日米開戦を伝えた大本営陸海軍発表のニュースも、NHKの宿舎に泊まり込み、時差の関係で午前四時からいち早く放送した。広島や長崎原爆の放送にもかかわっている。

駐日ドイツ大使館は、空襲の激化につれ、滞日ドイツ人に対して疎開指令を出していたが、グ

ライルは職務上、麹町のアパートで暮らし、放送のために利用していたNHKの宿舎を往復する毎日を送っていた。しかし、アパートは空襲で焼けてしまった。近くに住んでいた画家有島生馬が、荷物を保管してくれたが有島生馬宅もその後の空襲で焼失してしまった。そこで彼は、乃木神社の向かいにあった家を借りて移った。当時の住人が駐日ドイツ大使館館員で、河口湖のホテルに疎開していたのである。

五月二五日、東京はB二九の猛爆にさらされた。首都が襲われた最後の大空襲だった。グライルはその日の様子を次のように綴っている。

「私は、新宿地域がひどくやられたという事を聞いて、東大久保にある、女医佐々木昌子の耳鼻咽喉科医院はどうなったかと心配になった。そこで大空襲二日後、私は乃木坂下から新宿方面へ、黒い焼野原を歩いて見舞いに出かけた。市電の架線は焼けちぎれて居り、あちこちに余燼がくすぶっていて、交通機関は無く、五月の陽光は射しているものの、一面瓦礫の失望の街を探し歩いた。すると可愛い女の児をおぶった若い女の人に出合った。『お姉さま、お客さまですよ』とその人は私の問いに応じて、傍の防空壕に声をかけた。（昌子の弟嫁）。見れば間口一メートル余りのうす暗い防空壕の中で、昌子は、手紙を読んでいた…（略）…私は、防空壕で助かった重いトランクを二つ預かって、またさっき来た焼け野原を赤坂桧町へと帰って行った」（『全国五高会会』第五六号）

グライルは講師をしていたドイツ語講習会で佐々木昌子氏と知り合った（のちに結婚）。戦災の傷跡も生々しいなか、医療活動を続ける彼女の医院を助け、忙しい日々を送っていたが、昭和二八年にＮＨＫがドイツ語放送を再開したため復職し、昭和六一年三月まで国際放送アナウンサーを続けた。

五高の教師時代は短かったが、生徒たちの人気者だった。彼の著書『Die Begegnung（出会い）』をめくると、竹久夢二、中原中也、林芙美子、中村吉右衛門、山田耕作、近衛秀麿ら数多くの著名文化人の名前が登場する。改めて、彼の交遊の広さに驚かされる。

昭和四四年に勲四等瑞宝章の叙勲を受けた。五高卒業生で首相を務めた佐藤栄作（大正一〇年卒）から授与されたことを何よりも誇りにしていた。一橋大学、千葉大学でも語学教師を務め、平成一五年一月、百歳で死去した。ＮＨＫ国際放送とともに生涯を送った伝説のアナウンサーといわれている。

終戦直前まで授業、軽井沢へ疎開したドル一家

五高のシンボル的な存在、ドルの場合はどうか。彼は、多くの滞日ドイツ人が軽井沢などに疎開するなか、終戦直前まで熊本に滞在し授業を続けた。

教え子の浜高家三雄氏（昭和二四年卒、大分県出身、歯医師）も、このことを裏づけている。

「私たち新入生は、昭和二〇年四月入学に決まっていましたが、中学校卒業後も軍需工場で働

昭和20年7月1日、新入生入寮ファイアー・ストーム。この夜、熊本市は大空襲に見舞われた。白袴の高橋惣代は次の日、不発弾処理の際爆死した
（写真集『龍南の青春譜』より）

いていました。だから入学日は七月一日でした。同日夜、寮生主催の歓迎ファイアストームが武夫原で行われ、夜遅く熊本は大空襲に見舞われました。ストームを指導していた寮惣代、高橋伸光氏が翌日に戦災に遭った保証人宅に見舞いに行き、不発弾処理中に爆死し、変わり果てた姿で五高に帰ってきました。こうしたこともあってか、授業が開始されたのは一一日からです。ドル先生に文乙のドイツ語クラスで二、三回授業を受けました。戦時下にあっても、いつもと変わらない背広姿で教室に来られ、ドイツ語で『皆さんおはよう』と挨拶したあと、我々に『先生、おはようございます』とドイツ語で返礼するように指導を受けました」

ドルがいつ頃官舎を去ったのかは五高記念館にも記録がない。浜高家氏も「私は当時、熊本陸軍病院長を退職していた父（浜高家一生、明治

四二年卒）が赤痢にかかり重篤だったため、介抱に追われ、ドル先生が五高を去られた時期はわからない」と話していた。

浜高家氏の父は周囲から入院を勧められたが、退職軍医が入院する病院ではないと断り、敗戦時の混乱下、自宅で死去した。浜高家氏は、父のアルバムに貼られていたドイツ人教師との記念写真を見せながら「親父は頑固な肥後モッコスでしたけど、ドイツ語を教える外国人教師には格別の想いを寄せていたと思います」と回想していた。

ドル一家は疎開先の軽井沢・万平ホテルで終戦を迎えた。九月に入ると米軍のジープが続々とやってきて、ホテルは次々と接収された。万平ホテルも一一月に米軍専用のホテルとなり、敗戦の知らせを受けた会場のホールはダンスホールに代わった。目抜き通りも、いつの間にか横文字の看板が立ち並び、華やいだ雰囲気に変わった。が、ドル一家をはじめとする滞日ドイツ人たちの日々は、その華やかさと裏腹に食糧不足や寒さに悩まされた。

ドル一家は恵まれた方だろう。熊本時代に懇意にしていた平野力、恵美子夫妻が所有していた別荘に引き取られ、物心両面で援助を受けたのである。それでも、冬は寒さをしのぐ燃料に困り、布団を売ってストーブ用の薪を買うこともあった。ドル一家を支えた恵美子氏は、父親・下山英五郎氏が熊本地裁の所長をしていた関係で、五高八代目校長、溝渕進馬の紹介で家族ぐるみの交際をしていた。彼女の兄は昭和二四年七月に出勤途中に行方不明となり、翌日、国鉄常磐線の線路上で遺体となって発見された下山定則初代国鉄総裁である。下山事件は、当時、約一カ月の間に三鷹事件、松川事件と続いたため、国鉄三大ミステリー事件と呼ばれている。

ドル一家は軽井沢からの遠出を許可されていなかったが、こっそりと恵美子氏らに連れられて草津温泉に出かけたこともある。

MP監視の下、本国へ送還されたドイツ人たち

ドイツ人の本国送還は昭和二二年から始まった。

「東京朝日新聞」朝刊に小さな記事が載っている。それによると……。

二月二二日付（二面）

「スターマー釈放　元駐日ドイツ大使ハインリッヒ・ゲオルグ・スターマー（四四）は去る十八日巣鴨拘置所から釈放され、熱海の観光ホテルに拘禁されている旨二十一日総司令部が発表した　彼は連合軍の日本進駐以来、自宅に軟禁されていたが、昨年一月九日巣鴨拘置所に保護検束された。スターマーは夫人やドイツ外交官らとともに次回の送還船で本国へ送還されるものとみられる」

七月二七日付（一面）

「在日独逸墺人に引揚指令　総司令部発表＝総司令部は日本政府に対し前駐日ドイツ大使スターマーらを含む独、墺両国人の本国引揚げをさすよう指令した」

八月二〇日付（二面）
「スターマー氏送還　［横浜発］元駐日独大使ハインリッヒ・スターマー氏は二〇日横浜出港予定の米国輸送船ゼネラル・ブラック号でドイツへ帰国される　米第八軍司令部発表によると同氏はもと総領事H・ベール・ハイル氏、アルブレッド・ドレッチ元中将はじめ七百四十六名の各地抑留ドイツ人とともに横浜へ送られたものである」

ドルたちは八月、家財の持ち出しを許されないまま、身の周りの品だけを持って横浜港から帰国、一〇月に故郷のエッピンゲンに辿り着いた。鹿子木敏範の調査によると、ドルは故郷で成人学校の教頭職を務め、日本や日本人について多くの講義をした。恵美子氏の尽力により、ドル家の家財が船便で送られたのは、昭和三三年のことである。

成人学校教師を辞めたあと、昭和四一年以降は夫人と一緒にフランクフルト北方、ファルケンシュタインにある「老人の家」で老後の生活に入った。教え子たちが訪ねると、涙を流しながら喜び、楽しそうに五高時代の思い出話をしていた。「もう少し若ければ熊本に帰りたい」と漏らしていたという。

ドルらの本国送還に先立って、強制送還されたドイツ人たちもいる。戦犯容疑者の疑いをかけられ、戦犯収容所でナチスとの関係について取り調べを受けるためだった。

日独文化協会ドイツ人主事、ヘルベルト・ツァヘルト一家は、二月の寒い朝に疎開先の軽井沢を離れ、横須賀から送還された。

夫人のズザンナは、当時の模様を語っている。

「山を下りて駅まで来ると、そこで愛子さん（お手伝いさん）と別れなければなりませんでした。MPの見張る護送列車には、日本人は乗れなかったのです。一三年間ともに暮らしてくれた愛子さんへの感謝の思いは尽きず、言いたいことは山ほどあるのに、胸がいっぱいでとても声にはなりませんでした…（略）…横須賀に着くと、小さな艀が私たちを待っていました。その小さな艀に乗せられて、沖に泊まっているアメリカの貨物船まで行くのです。手荷物検査が厳しくて、はめていた指輪を抜き取られたり、ポケットに入れていたものを全部出すように言われた人もいました」（『ズザンナさんの架けた橋』）

そして、一家は二〇〇人余りのドイツ人と一緒に帰国船に乗った。
「どこで聞きつけてきたのか、松本高校の教え子が煙草などを同船の方に託して下さり、それが手元に届いたとき、耐えていたヘルベルトの涙もとまらなくなりました」（同）
ツァヘルト一家は、シュトゥットガルト近郊の町の戦犯収容所に収容された。鉄条網に囲まれ、ポーランド兵が監視に当たっていた。ツァヘルトがナチスとは無関係とわかり放免されたのは四月である。
彼はその後、ソ連の占領地域（東ドイツ）にあったフンボルト大学教授を務めたのち、ボン大学の日本学科教授になった。

九年間もドルの墓参を続けた教え子

一九五〇年代に入ると、戦後の復興と共にドイツ国内には日本の留学生や研究者が再び訪れるようになった。旧制高校の生徒たちが恩師を訪ねてドイツを訪れるようになったのも、この頃である。

いつの頃だったろうか。毎年、ドル先生のお墓に出かけている卒業生がいると耳にしたのは……。筆者が熊本県人吉市にある浄土真宗仏光寺派「洪願寺」の住職、春木顕氏を訪ねたのは、平成三〇年三月だった。桜が咲き始めた頃で、人吉城址を左手に球磨川沿いの道をしばらく走ると、お寺の山門が目に入った。

訪問の目的は、春木住職の祖父、春木博（昭和六年卒、熊本県出身）が、何かドルにつながる記録を残していないかを取材するためだった。というのも、博は第一外国語がドイツ語履修である「文乙」で、同窓会誌などにドルの思い出を寄稿したり、ドイツで不自由な生活を送っていたドルへの物質的な支援を呼びかけたりしていた。

「それにしても……」と、春木住職の話を聞きながら感嘆した。博のドルに対する思い入れの大きさに圧倒されたのである。ドルの訃報がもたらされたあと、昭和五二年夏から九年間も毎年、ドイツを訪れ、故郷に眠るドルの墓参をしていた。

「私が祖父に連れられ墓参したのは昭和五三年八月、小学校二年生のときでした。前年の訪独で旧宅を探し出し、そこに住んでいた借主の婦人から墓苑の場所を教えてもらっていました。以来、私は祖父と一緒に中学三年まで毎年夏休みにお墓に出かけました」と春木住職。

博が地元の「人吉新聞」に寄せた「孫と二人の旅日記」を読むと、昭和五三年にはフランクフルト中央駅の地下街で供花を求め、クロンベルグまで列車で向かい、駅からタクシーに乗って、前年に墓苑の場所を教えてくれたドイツ人婦人に案内を乞い、お墓にたどり着いている。

墓碑は芝生と草花に覆われた畳一畳半くらいの土地の奥にあり、ドルと夫人の名前が刻まれていた。「祖父は長年の夢をやっと果たした様子で、先生の墓前にしばらくたたずんでいました」。そして持参の花を捧げ、数珠を取り出して静かに偈文を読誦した。

「私自身、ドル先生にお会いしたこともなく、写真で知るだけでどんな人だったかもわかりませんが、祖父の様子を見ていると、ドル先生の存在がいかに大きかったかを思い知らされる気がしました。祖父にとってドル先生は、青春時代の大切な思い出につながっていました」

博にとっては、ドル先生とすごした旧制高校の三年間は、師弟の関係を超えて大きな宝物となり、彼の人生を精神的に支えていたのだろう。彼は教師退職後にお寺を創建し、そこで外国からやってきた若者たちの世話をしていた。ドルへの恩返しでもあったろう。

ドイツに帰ったヘルベルトらも、日本からやってきた留学生の世話など日独文化交流に力を入れている。ヘルベルトはベルリン時代には、声楽家田中路子氏らを中心に設立されたベルリン独日協会（一九五二年設立）に参画した。同協会はベルリン音楽大学で学ぶ日本の音楽家も参加し、コンサートの開催や映画会、講演会を開くなど活発な活動をしている。夫人のズザンナも得意のドイツ料理やお菓子作りを教えた。

ボン大学に移ってからは、ボン独日協会（一九七六年五月設立）の初代会長を務めた。わずか三〇人の少人数でスタートした会であるが、あっという間に三〇〇人を超える協会に発展したという。

戦後の日独文化交流は、恩師を訪ねて訪独する旧制高校卒業生をはじめ、旧制高校教師として活躍したヘルベルト一家のように、帰国後も日本人との友情を大切にしたドイツ人たちの地道な草の根交流から再出発したことも忘れてはならないだろう。

終章――教育は「国家百年の計」

日本の戦後は、連合軍最高司令官総司令部（GHQ）の指令の下、軍国主義排除、民主国家、文化国家の建設へ向けた国体の大改造だった。

全国各地の学校で授業が再開された昭和二〇年九月一〇日、文部大臣、前田多門が動員先や故郷から学園に戻ってきた学生たちに「青年学徒に告ぐ」のタイトルでラジオ放送した。日本再生の道が多難なことを踏まえながら、文化国家建設の必要性とその覚悟を訴えたものである。

文部省が「新日本建設ノ教育方針」を発表したのは、その五日後の九月一五日である。文部省の狙いは、GHQの文教占領政策に先駆けて「国体の維持に務めながら、軍国思想および施策を払拭し平和国家の建設を進める」という日本の教育姿勢を打ち出すことだった。

全国高等学校校長会は一〇月早々に文部省で戦後初の校長会議を開き、戦争末期に「二年」に短縮された修業年限の「三年制復帰」を決議した。旧制高校の教育方針だった教養主義「高等普通教育の完成」を実現するためには、どうしても三年間の教育期間が必要と判断したからだった。

これには、校舎など戦災復興事業に追われていた文部省側が時期尚早と猛反対したが、当時の一高校長、安倍能成は、翌年一月に文部大臣に就任するや、「三年制復帰」を強引に実現した。旧制高校には喜びの声が上がった。

とはいえ、GHQの教育占領政策の狙いは、文部省解体を視野に置きながらの教育改革の断行である。文部省の教育指針に込められた「益々の国体護持につとめながら……」といった文言を認めるような甘いものではなかった。

GHQは民間情報教育局（CIE）を設け、文部省を管理下に置いた。もはや日本は、独自に文教政策を企画・推進することができなくなった。

教育に関する占領政策の第一弾は、一〇月二二日発令の「日本の教育制度の管理についての指令」である。以来、「教育関係者の資格についての指令」「国家神道についての指令」「修身、国史、地理の中止についての指令」と相次いで三つの指令を出した。GHQが重視したのは、軍国主義、超国家主義の絶滅とともに、教育の機会均等、男女平等をはじめとする民主主義教育の推進、エリート教育廃止にあった。

旧制高校に対して厳しい目が注がれた。同世代のわずか一パーセントに満たない、しかも男子だけに認められた帝国大学進学コース（エリートのための高等教育制度）が学閥を生み、軍国主義、ファシズムの温床になっていたとの認識に立っていたのである。日本の国力増大を抑えるためにも、こうした人材予備軍を輩出してきた日本独自の高等教育の世界に楔を打ち込む必要があるとみていた。

米国の教育専門家による教育使節団は、GHQの要請に応じて二一年三月六日にやってきた。そして、一カ月もたたない四月一日に早くも日本の戦後教育改革の根幹となった「六・三・三・四制」の採用を勧告した。

内閣もまた、教育使節団の意向に沿わなければならなかったのだろう。教育刷新委員会（昭和二四年教育刷新審議会と改称）を立ち上げると、二一年一二月に「教育の理念および教育基本法に関して」審議を始めたのを皮切りに、三五回に及ぶ会議を通じて、教育に関する重要事項をまとめ、総理大臣に建議した。

これにより政府は、昭和二二年三月、「六・三・三・四制」の根拠となる「教育基本法」の制定や「学校教育法」を公布した。かくして、今日の教育制度である新制中学校（昭和二二年度）、新制高校（同二三年度）、新制大学（同二三年度）が誕生することになった。

課題残す一般教養教育と専門教育の有り様

旧制高校廃止の道筋はどのように敷かれたのだろうか。このことは、今でも教育専門家にとって大きな研究テーマとなっている。が、廃止が既定路線になってから、高等教育の在り方については、新制大学のカリキュラム課程で「人格形成期の一般教育（教養知）」をどのように展開するのか、そしてどのように実現するのか、といった論議に焦点が絞られた。

最終的に落ち着いたのは、文系、理系を問わず、旧制高校が展開した教養主義を骨格とした一般教養教育を新制大学に教養部を設けて展開することだった。これは、旧帝大時代（専門教育）の教育仕組みを残しながら「専門学部へ移行する前期課程として、米国の一部地域で行われていたカレッジ型教養教育」（『シリーズ大学5――教育する大学』）を取り入れたものといわれている。

旧制高校教育は、新制大学の教養課程段階に位置づけられた。五高も、法文学部、理学部、医学部、薬学部、教育学部を擁した新制熊本大学の発足に伴って、教養課程の母体となり、一時的に「熊本大学第五高等学校」の看板を掲げた。そして五高教授陣の多くが、熊本大学を始めとした新制大学の教授陣容に組み込まれ、新制大学の新たな教授スタッフとして、新制大学創設にかかわることになる。

東京大学の場合は、東京帝国大学から新制大学に移行したあと、旧制一高、旧制東京高等学校の流れを汲んで、例外的に教養学部（当初は前期課程）が設立された。専門学部に進学する学生のための教養教育を展開するもので、同学部が設置されている駒場キャンパスは、今も柏の葉を重ねた旧制一高の徽章がシンボルマークとなっている。

しかし、旧制高校が新制大学教養部（東京大学は教養学部）に衣替えになったことにより、新たな課題も生まれた。工学部、理学部、医学部、法学部、経済学部、文学部、薬学部といった専門学部へ進学する学生たちを受け入れる専門学部側から「学生を短期間の教養部コースでカレッジ型教養教育を展開するだけでは、専門学科に進む基礎的な力量を備えた人材を育てる教育ができるのだろうか」といった疑問の声が上がったのである。

大学生といっても、新制大学では、新入生が旧制高校生の卒業者に比べて二年も若い世代（戦争末期は異なるが）である。

吉田文氏（早稲田大学教育・総合科学学術院教授）は、『教養教育と専門教育との葛藤――学士課程カリキュラムの構造的問題』と題するレポートの中で、当時の学内事情について次のように論述している。

「新制大学は、一律四年となり、かつ一般教育が一～二年を占めることになったため、一般教育は専門教育の時間を圧迫するもの、ひいては、日本の大学教育全体の水準低下を招くものという批判は、大学関係者のみならず、産業界からも大きな声となった。また一般教育は知識の幅を拡大し、思考能力を養成し、人間形成に資するものだという理念には賛同を得られても、実態は高校教育の繰り返しという誇りをうけることが多かった」

長崎大学工学部教授の一人が漏らしていた言葉も、多くの専門学部教授の声を代表した感想だった。

「専門教育を受ける基礎的な学力に加えて、人格形成期にもっと幅広い教養を積んでもらいたいとの思いもあるが、今日の受験事情を考慮すると、一概に学生たちを批判できない。もっと教養時代を豊かにして、人間を大きな器にしてあげたいが、かといって、一般教養科目の習得に一年半も二年も時間をかけていたら、専門教育を指導する時間が足りなくなる。正直なことを言えば、すぐにでも専門教育を始めたいところである」。

こうした声が高まる中、文部省は平成三年（一九九一年）に大学設置基準の改正（大綱化と呼称されている）に踏み切った。一般教育と専門教育の科目区分を撤廃したのである。その結果、大学には教養部がなくなり、専門学科を引き受けていた専門学部が自由にカリキュラムを編成できるようになった。しかしながら、この改革もまた、一般教育の在り方をめぐって新たな課題を生むことになる。

上村直己熊本大学名誉教授が、ドイツ語教師の立場から、次のように話していたことも印象深い。

「教養部が廃止され、専門学部制度に移行してからドイツ語の講座が激減してしまいました。それでも教官が定年に達していない場合は講座が存続されていましたが、担当教授が定年退職すると、全学的な懸案解決が必要ですから……との理由から、多くの大学でドイツ語の講座枠が減らされ、他の言語や専門学科講座に代わっていきました。ドイツ語教師は本当に少なくなりました」。

一般教養のカリキュラム課程で国際的に使われている英語教育のほか、ドイツ語やフランス語、中国語、韓国語、スペイン語、ロシア語、アラビア語といった語学の習得機会が増えること自体は、国際化が進み、グローバル社会といわれる今日の時代に欠かせぬことであろう。かといって、他の科目が必要だからといって、ドイツ語やフランス語の教官などが激減したり、講座減少が当たり前という論理もいささか疑問が残る。

昨今では、学校によっては、教官がドイツ語履修をしている学生に落第点をつけるような指導をしていたら、管理者側から「落第させないでください」との注文が突きつけられる話も伝わっている。本当の話だろうか。

大学（国公私立を含め）の数は、新制大学発足当時の六〇〇校に比べると、七〇〇校を超え、学生数も二五〇万人になった。今や、同世代の半分が高等教育を受ける高学歴の社会になった。戦後の教育改革で米国が重点を置いた「高等教育の大衆化」が見事に実現された証左でもある。しかし、そのことを高く評価するにせよ、日本の高等教育の展開が、大きな成果を上げているとはいえないようだ。

大学など高等教育機関に対しては、社会や企業などあらゆる分野から、グローバル化社会や少子高齢化社会に即応した、優秀な人材を送り出してほしいとの要望が寄せられている。時代は、民族、人種、宗教問題など地政学的なリスクも抱えながら、国際政治、国際紛争、地球環境の保全やエネルギー問題、巨大な災害への対応、さらに歴史認識の問題など、国家の枠を超えて解決を迫られる、様々な課題が目白押しとなっている。こうした状況下、国家に役立つ人材輩出のためにも、一般教育、専門教育の徹底とともに、多文化的な価値観、哲学的な思考のできる人材を養成する高度な教育が求められよう。

東京大学大学院教授、吉見俊哉氏が、「大学に未来はあるか――討議のための素描」と題したレポートを『シリーズ大学5――教育する大学』に掲載している。そこには「一九世紀の古典的教養知から二一世紀のグローバルな教養知まで、近現代を通じて教養知を学ぶ層は爆発的に増大した」と前置きしながら、次のように指摘している。

「一九世紀の教養は、まずは西欧列強のブルジョア階級によって学ばれただけだったが、二〇世紀には産業化を成し遂げた国民国家の国民に広がり、今日では第三世界まで含め、大学はグローバルに偏在している。こうして莫大で多様な社会集団を背景とする学生たちが学ぶことになるグローバル教養は、その根底に一九世紀の教養知とはまったく異なる多文化性を内包し、未来の地球の運命を見据える世界性と社会的実践性をもったものではなければならない」

東京大学名誉教授の姜尚中氏もまた、吉見氏の指摘と同様にグローバル教養教育の重要性、必要性を指摘している。氏は熊本市出身、早稲田大学政治経済学科、同大学院政治学研究科博士課程を経て、東京大学教授を務めた、国立大学ではユニークな経歴の政治学者であるが、「これからの大学に求められる人材育成とは……」と題する講演会（令和元年六月二六日、福岡稲門会）では、氏自身の教養学部教授時代や私立大学教授体験を紹介しながら、今日の大学教育の現場が、法人化の流れの中で、国公立、私学を問わず、経営の論理に振り回され、「知の羅針盤」の役割が果たせなくなっているのではないかと問題を提起していた。このことは、旧制高校廃止当時に大きな目玉となって新制大学に導入された「専門学部へ移行する前期段階の教養教育（リベラルアーツ）」が、東京大学教養学部を除いて、事実上、形骸化してしまったことを如実に示したものだろう。

もう一つ、高等教育の舞台には大きな異変も起きている。それは東京大学をはじめとする首都圏の国公立大学や早稲田や慶應などいわゆる私立名門大学（難関大学）の学生たちが、関東都市圏の出身者で大半を占められるようになっていることだ。知の一極集中化が進んでいるのだろうか。このままの入試状況が進んでいけば、地方出身者にとって、大学は一段と「狭き門」となり、未完の大器たちが遊学の志を立てて集っていた「青春の門」は、都会人のための大学になってしまう恐れもありそうだ。

同窓生向けの講演会といった気安さもあったとはいえ、姜尚中氏は、九州に埋もれている前途有為な人材を発掘し、支援し、大学へストレートで入学できるような、（予備門的な）高等学校を設置すべきだと強調していた。かつて旧制高校（私立も含め）が、高等教育の地方分散化に大きな役割を果たし、郷土色を発揮した地方独自の文化・精神風土の中で豊かに青春を過ごした「未完の大器たち」が、専門学部である大学で学問を究め、社会へ巣立ったことを勘案すると、私立大学の役割も俯瞰しながらの姜尚中氏の提言は、貴重に思えてくる。

筆者自身、大学教育の在り方をめぐって論議できる識見は持ち合わせていないが、旧制高校史の一端を紐解いていると、吉見氏や姜尚中氏の論点がこれからの高等教育の在り方を論議する大きなテーマになっていることが伝わってくる。

プリンストン大学客員教授を務めた秦郁彦氏が、著書『旧制高校物語』で触れていたエリート教育の在り方論も、エリート教育の是非論はともあれ、これからの国民的な課題の一つであろう。氏は、米国、英国、ドイツといった海外のエリート教育の取り組みを紹介しながら、論述している。

「（戦後の教育は）中高等教育の平均的なレベルは押し上げたが、リベラルアーツ（一般教養教育）の要素と大学院教育はなおざりにされた。自前のエリート教育機関を作り出さないと、国際舞台で太刀打ちできなくなる日がくるのではないか」。九九パーセントのための一パーセントの使命と役割が問われる時代の到来を示唆している、ともいえるだろう。

全人的な交流で影響を与えた外国人教師たち

旧制高校の世界にもう一度タイムスリップしてみると、そこには多感な人格の形成期に沸騰する「青春」という坩堝の置き場所を設け、学者というよりは、教育者としての誇りを抱いた教師たちが、未完の大器たちの教育に携わっていた教育システムが出来上がっていた。

語学教育の分野を見ると、日本人教師の外に、複数の外国人教師、例えば英米系教師とドイツ人教師、或は英米系教師とフランス人教師といったような組み合わせによって授業が展開されていた。また彼ら外国人教師たちが同僚の日本人教師と知的な交流を創りながら、日本から日本文化を世界に発信するとともに、全人的な交流を通じて生徒たちに国際的な視野を広げる役割を果たしていたことも見逃せない。

とりわけドイツ人教師の場合は、ギリシャ哲学から近代哲学までの学問を学んだエリート層が来日し、旧制高校独自の教養主義文化に大きな影響を及ぼした。

日本とドイツは第二次世界大戦に敗北し、戦後、物づくり、貿易立国として目覚ましい経済復興を遂げた。しかし、二つの戦後を俯瞰すると、二つの異なった戦後の姿が鮮明だ。

ドイツで四年間医学研究や臨床医師として医療現場で活躍していたスポーツドクターの赤星隆一郎氏（病院副院長、登山家、熊本市在住）が、こんな話をしていた。

「ドイツでも、医者が国際学会で論文を発表する折は英語を使っています。医者だった私の父（赤星赳、昭和一〇年卒）がカルテをドイツ語で書いていたように、ドイツ語重視の時代に比べると、日本もドイツも英語一辺倒に変わってきました。しかし、ドイツで暮らしてみると、熊本人と似ているなと思いました。曲がったことが嫌いで筋を通す、いわゆるモッコスですよ。ドイツはナチスの台頭によって、ユダヤ人虐殺をはじめ、人道的に許されない倫理上の過ちを犯した国家ですが、戦後は、その歴史と真正面から向きあい、反省し、このことを繰り返さないように、政治や経済、エネルギー対策を含め、あらゆる部門で倫理面を重視しながら新しい国家づくりをしていると思います。そして、このことが、かつて侵略したヨーロッパ各国の信頼を回復し、ヨーロッパのリーダー役になっている大きな要因です」。

ひるがえって日本の場合はどうだろうか。今なお、歴史認識問題では日本が侵略したアジアの国々の対日感情は好転していない。とりわけ、お隣の韓国では、政府が解決済みといっていた慰安婦問題や徴用工問題が国民レベルで解決されておらず、対日感情は悪化するばかりである。いつになったら問題は解決するのだろうか。

どうひいき目に見ても、日独は同じ戦後をたどりながら、ヨーロッパ諸国のドイツへの対応に比べると、日本はアジア各国から信頼されていないように思えてならない。その理由は何だろうか。

筆者の手元にジャーナリスト、熊谷徹氏の著作『日本とドイツ――ふたつの「戦後」』がある。ドイツに長年暮らしている体験から、日本社会が戦後、理念と倫理観が欠如した国になっているのではないか、と問題提起した労作だ。

「あとがき」には、次のような一文が寄せてある。

――（日本では）多くの人々は、日々の生活に追われて、政治と倫理の関係など、形而上的なテーマについて考える余裕すらないように見える。ある日本の編集者が「今どき日本で倫理の重要性を主張すると、頭の中にお花畑があるのではないかといわれますよ」と語っていた。倫理の軽視は古代ギリシャ以来の人間の英知に対する冒とくである。人々が心の余裕を失っていることは残念だ。

今日の政治家の無責任ぶりや倫理観の乏しさを目の当たりにすると、熊谷氏の言葉は胸に迫ってくる。

同時に頭に浮かんだのは、かつて旧制高校の教壇で活躍したドイツ人教師たちの姿である。彼等は、ドイツからやってきた教養層集団だった。そんな教師たちが戦後も旧制高校で授業をしていたのならば、どんな講義をしていただろうか。ナチス体制化に引き起こされたユダヤ人虐殺など、文明に背を向けた「負の遺産」を抱える立場でなければ話せないような心に刻む授業を展開し、生徒たちと熱い議論をしていたかもしれない。

かつて日本では「教育は国家百年の計」といわれた。元号が変わり、新しい時代の挑戦が始まると、そんな昔風の言葉も新しい言葉のように聞こえてくる。五高外国人教師にスポットを当てた「旧制高校発掘ヒストリー」が、これからの高等教育が抱えている課題を探る、ヒントの一つにでもなれば、幸いである。

特別寄稿　クラウダー基金を設立——師の言霊が今も……

棚野　泰全

豪邸が建ち並び著名人が多く住む、カリフォルニア州、ビバリー・ヒルズに、ロバート・ハリソン・クラウダーは、東洋美術館を思わせる室内装飾と植物が生い茂る庭園のある環境で、隠者の如く暮らしていました。私がクラウダーと出会ったのは、一九八四年の夏でした。

一九一一年八月一四日、クラウダーは、イリノイ州の小さな農村ベスニーで生まれました。ヴァイオリニストとして教育を受け、ミリキン大学音楽科を卒業しました。世界恐慌が起き、財産を失い自死した人も多く、決して夢多き将来を約束されていた時勢ではありませんでした。卒業後ピョンヤンのミッション・スクールの教師として赴任するため太平洋を渡りました。後に日本で職を得て、日本画の手ほどきを望月春江氏から受け、幼い頃からの夢を叶える事ができました。しかし、戦争によってクラウダーの人生路は、大きく変化しました。

開戦の日、赴任先の熊本で、敵国人そしてスパイ容疑で拘束されました。独房生活が始まり、自殺をも頭をよぎり、精神的にも肉体的にも極限の日々でした。「戦争は、国と国との戦いで、警察官も、好んで私を捕らえたのではない。」と、戦争を憎んでも人を憎むことはありませんでした。しかし逆に、「私は、拘束されたから、命びろいをしたのかもしれない。一般社会に放り出されていたら、敵国人として民衆から虐待されたかもしれない。」と、当時のことを振り返っていました。

三ヶ月の独房生活を強いられ、その後二十三ヶ月間点々と収容所生活を送りました。「いったい明日という日は、来るのだろうか。」この不安な思いは、制作活動に現れていました。クラウダーは、夏の暑い日に自宅の庭の花を摘んで油絵を描きました。種や球根から育てた植物を、好きな花器にアレンジして描きました。日本画に通ずる「間」のとり方、キャンバスを絵の具で塗りつぶさない、白をふんだんに使う瑞々しい画風。そして、決まってその日のうちに描きあげました。明日が来ないかもしれないという緊迫と恐怖を背に、今日与えられた命を描き残すという、強靭な生き方として、私には写りました。「エンジョイ　ナウ」誰もが共有する「今」。この「今」を楽しみ、これを日々繰り返す大切さを説きました。

ある日、庭にある睡蓮の池の畔を歩いているときに、咲き始めた睡蓮を観ながらクラウダーが、「この池の何を見ているんだ。」と、私に聞きました。私は、白い睡蓮の花弁や黄金色の雄しべや雌しべを、描写しました。するとクラウダーは、一言、「水面に映る睡蓮を観なさい。」鮮やかな表面ばかりにとらわれず、影に隠れるもの、中に潜むもの、そういうものも見逃すなと教えました。

望月春江氏の日本画の手ほどきで、「宵待草」を描く日がありました。黄色く開いた花弁と尖った蕾。春江氏が、その蕾を持ち帰って開くところを観察しなさいと言いました。クラウダーは半信半疑で観察しました。すると日が暮れだすと、その蕾が目の前で開花しました。種の発芽、一輪の花、透き通る花弁、蕾の開くエネルギッシュな様子に、大自然に劣らない無限の力と美、「もの」の真髄を感知した時でした。

クラウダーは、私が働き始めるまでは、自宅から外に出ることは、ほとんどありませんでした。たまに敷地から出ると、空を仰ぎ、雲の形や動きに興味を示していました。独房で拘束されていた時、人間としての価値さえ蝕まれた生活の中で、窓越しに空から舞う雪片を手に取りそっと唇に押し当て、灰色の空を見上げながら、家族や友人のことを想いました。いつも大空を見るたびに、再び逢うことができなかった日本の友人のことを思い出していたのでしょう。クラウダーが奏でるピアノは、いつも静かなもので、エドワード・マクダウル作曲の「森のスケッチから」の組曲、「(一輪の)野ばらに寄す」が、今も私の中で響いている。

クラウダーの百歳の誕生日を記念して友人と、個展の計画をしていました。しかしそれが叶うことなく二〇一〇年十二月八日、クラウダーは九九歳で息を引き取りました。その日は、開戦の日でクラウダーが拘束された日でした。連絡を受けて自宅に行き、私は生まれて初めて人間の死体を見ました。何度も足浴した脚を摩り、冷えゆく体温を感じながら別れました。立ち上がり、もう一度姿を見たときに、「役者が脱ぎ捨てた舞台衣裳が、ベッドに置き去りにされている」と、私は直感しました。クラウダーが書き留めていた詩集が、「蛹（さなぎ）」という題であったことを思い出しました。

死後、私はクラウダーの家に二度と立ち入ることができず、空白の時期が二年ほど続きました。遺骨を高知県高岡郡四万十町の弘法寺住職森英真和尚に分骨していただきました。二〇一三年六月、クラウダーの生まれ故郷のベスニーの墓地にご両親の横に埋葬するため、イリノイ州まで三日かけて車で走りました。ベスニーに向かう日の朝、墓地に到着する前に滝の中を走っているようで、車のワイパーが壊れるのではないかと思うほど、天候が恐ろしく荒れ大雨に遭いました。前を見え隠れして走る大型とトラックのテール・ランプを頼りに走り続け、村に到着する寸前に、その豪雨はピタリと止みました。後に和尚から、それは「奇瑞（きずい）」だと知らされました。

数年経ったある日、

クラウダーは、私に手のひらいっぱいの「種」を残してくれた。
それを私が植えて育てて収穫して、それを分けなさい。

という教えにたどり着きました。

クラウダー亡き後、長く悩み苦しんだ数々の問題や葛藤に、この回答が私の道を開いてくれました。一つの「種」は、クラウダーの名前を冠した「ロバート・クラウダー賞」を、クラウダーが日本画を学んだ日本画院に設立し、若い日本画のアーティストを支援するという形で大きく育ちました。次は、アメリカと日本の若い音楽家に、日本またはアメリカで活動の場を広げることでした。そして、クラウダーの母校ミリキン大学に、「ロバート・クラウダー基金」を設立し、美術学科の学生の奨学金を授与できるようにしました。ヴァイオリンの弓を絵筆に持ち換えたクラウダーの名にふさわしい芸術支援の「種」は、多くの学生に夢を贈ることができるようになりました。

渡米三五年を振り返って見て、クラウダーが、戦後大好きだった日本に一度も戻ること無く、また教鞭を取れなかったことを思うと、日本人として「クラウダーの世界」を、多くの人に語り継いで行くことが、私の「感謝の意」を表すライフ・ワークとなりました。亡くなった日のあのベッドの上の舞台衣裳は、幻のように消え去りましたが、クラウダーからの教えが、今も言霊となって活き続いている。

棚野泰全（たなの・やすまさ）
昭和三〇年大阪生まれ。高知県出身。金沢市立美術工芸大学卒業。昭和五九年渡米後、クラウダーのもとで日本画制作とデザインを担当。現在、Robert Crowder and Associates 社長。日本画院顧問。クラウダー基金主宰。米国在住。

本書の刊行に寄せて

伊藤　章治

本書を読み終えて、「五高は幸せ者だ、果報者だ」としみじみ思った。祖父が外国人教師の書生、父が旧制五高の教師で、自身も五高の官舎で少年時代を過ごし、「五高を描くのにこれ以上の人物はいない」と皆が認める小山氏の手で、新しい「五高物語」が生み出されたのだから……。

本書で取り上げられたのは、五高の教壇に立ったドイツ人、英国人、米国人、スイス人など三十人の外国人教師だ。偏見、誤解かもしれないが私は、外国人教師と聞くと思わず、「陰影」とか「哀感」といった言葉を連想してしまう。異国の地に母国の進んだ文明、文化を伝えるという確かな使命はあるものの、そのために捨てなければならないもの――故郷とか、友人とか、親族とか――があるに違いないと思ってしまうし、母国と赴任先の国の方針とのはざまで、板挟みになることもあるのでは、と思えてしまうのだ。本書を読み終えいまは、「そんな思いは半分あたり、半分はずれだったなー」と思う。はずれた部分については後述する。

小山氏がいうように、明治、大正、昭和初期、日本にやってきた外国人教師に課せられた使命は、「教育勅語体制下で、日本の近代化、富国強兵化に役立つ西欧思想、文化を提供すること」だったろう。日本が日清、日露、日独戦争（第一次世界大戦）、日中戦争、太平洋戦争へ突き進んでいく時、多くの外国人教師たち、とりわけ「真の文化を」「本物の国際平和を」と願う良心的教師たちは「こんなはずでは……」との悩み、焦燥感、ジレンマを深めていったのではなかろうか。

具体的に見よう。古き良き日本をこよなく愛したラフカディオ・ハーン（五高在籍は明治二四年九月——同二七年一二月）は、ある寺で青銅の古鏡が溶かされて大仏にされることに心を痛める。小山氏は古鏡を溶かして大仏を建造したという寺に出向き、その大仏が昭和一九年の「戦時金属供出」のために壊され、いまは台座だけとなった姿を報告する。そして「（ハーンが見たものは）単なる青銅鏡という古美術の破壊ではなく、否応なく人々に変化を促していく、近代の予兆だった」とする識者の声を紹介している。

ドイツ人教師ソフィー・エス・ビュットナー（五高在籍、明治四四年九月——大正四年七月）は、第一次世界大戦で日本がドイツに宣戦布告した日（大正三年八月一一日）から六週間、私服の警察官の監視を受ける。しかし、日本の友人たちは「戦争はあくまで政治であって、個人の友情には全く関係ない」と励ます。五高の生徒たちも開戦後、前にも増してドイツ語の勉強に励み、松浦校長は「敵国に留まって授業をしようとしていることに大いに感謝すべきだ」と全校生徒に訓辞する。こうした健全で感動的な受け止めは、残念ながら昭和に入ると一掃されてしまう。

五高最後の米国人教師ロバート・クラウダー（五高在籍昭和一四年九月—同一七年七月）は、太平洋戦争開戦の日の昭和一六年一二月八日の朝、教え子たちに別れの挨拶をすることもなく、官舎から警察官に連行され、勾留、抑留生活の後、昭和一八年九月、捕虜交換戦で米国に強制送還された。生徒から「ラフカディオ・ハーン、ナンバーツー」と呼ばれるほどの親日家だったクラウダーは、終生、日本を愛し、帰国後もロサンゼルスの地で日本画家として日本の花鳥風月を描き続け、九九歳で逝った。

その他の外国人教師たちもそれぞれ、葛藤、の中で生きる。不敬事件で糾弾されたドイツ人教師エルドマンスデェルフェル、スパイ容疑（もちろん冤罪だが）で逮捕された英国人マーター、五高教師ではないものの、英会話を教えながらハンセン病患者救済に奔走した英国人婦人などなど——。

こう見てくると、外国人教師は近代化、富国強兵を目指し猛進する「日本という船」の船首に立たされた水夫のような存在だったのでは、と思えてくる。船が軋むたびに、真っ先に波しぶきを浴びる彼ら、彼女ら。小山氏は三十人の外国人教師にぴったり寄り添い、彼らの視線、視座から、日本の近代化のゆがみと闇を鮮やかに照射した。

三十人もの外国人教師の生涯を追う作業は、小山氏にとっても容易なものではなかったろう。資料を粘り強く発掘して読み解き、関係者を追って米国にまで飛び、国内の関係地はくまなく歩き尽くす。そんな小山氏の「地を這う取材」がこの書を肉声が溢れる重厚なものにした。

三十人の外国人教師はいずれも故人だ。彼ら、彼女らへの鎮魂歌ともいえる書なのに私は、不思議なほど重苦しさ、息苦しさを感じなかった。それはなぜか、と考えて、二つのことに思いが至った。

ひとつは外国人教師の受難を吹き飛ばすような師弟の絆の輝きだ。熊本県人吉市の住職春木博（昭和六年卒）はドイツ人独語教師ゲオルク・H・ドル（五高在籍、大正四年五月―昭和九年三月、同九月―二〇年九月）を敬慕、ドイツで不自由な生活をしている師への物質的支援を同窓会誌などで呼びかけた。さらにドルの訃報が伝えられた後、昭和五二年夏から九年間、ドイツの恩師の墓を訪れている。うち八年間は孫の顕氏を同道して……。博氏はその後も、外国からやって来る若者を自分の寺で世話する活動を続けた。

五高最後の米国人教師クラウダーについても、消息が分かってから、多くの教え子たちが米国を訪れ、再会を喜び合っている。また死後、クラウダーの仕事を引き継いだ棚野泰全氏（ロサンゼルス在住）によって「ロバート・クラウダー基金」が創設され、日本から七人を超える若手の日本画家がロサンゼルスに出かけている。

本書が重苦しさと距離を置けたもうひとつの理由は――。ここからは私の勝手な解釈だが、誤解を恐れずに言えば、小山氏の筆致は伸びやかで明るい。小山氏にはすでに『五高その世界』『さらば我友叫ばずや――旧制高校史発掘』など、五高をテーマとした著作がある。戦後，小学校二年生から三年半、外国人教師がいなくなった官舎で過ごし、草野球もできるような大きな庭で遊んだ氏にとって五高は、文字通りのホームグラウンドだ。そして五高の歴史を語ることは、自らの一族の歴史、ファミリー・ヒストリーを語るようなものではなかったか。外国人教師もまた、彼にとっては「一族」で、「うちのおじさんはね、こんな立派な人だったんだよ」「うちのおばさんはこんなことをしたんだ」と言わんばかりの雰囲気が、この書の随所に漂う。

在野の哲学者内山節氏によれば、現在の問題意識から歴史を見直すとき初めて、歴史はその答えやヒントを示してくれるという。いま、教育をめぐる状況は混迷、「真の教養教育とは何か」が問われている。また、国際化、国際親善の言葉は飛び交うもののその一方で、ネット空間には民族差別、蔑視の言葉が消えない。真の教養とは、本物の国際化とは、といった現在の問題意識から、本書を読んでもらいたい、とも思うのだ。

最後に蛇足――。この一文の最初に私は、「五高は幸せ者だ」と書いた。そしていま、小山氏もまた「幸せ者だ」と強く思う。新聞記者として、さらに退職後は記録作家として、氏は「物書き」の道一筋に歩いている。物書きにとって一番大切なものは何か、と問われれば、私は「終生のテーマに出会うこと」と答えたい。畏友小山氏にはまぎれもなく、終生のテーマ五高がある。幸せ者、と呼ぶほかない。

（元・東京新聞文化部長）

旧制高校関連資料

国内の旧制高校所在地と設置年（帝大予科と学習院含む）

日本統治下の台北・旅順高校と京城大予科・台北大予科は非掲載

（『旧制高等学校全書』第１巻参照）

旧制高校の制度図

（文部省発行「目で見る教育100年の歩み」より）

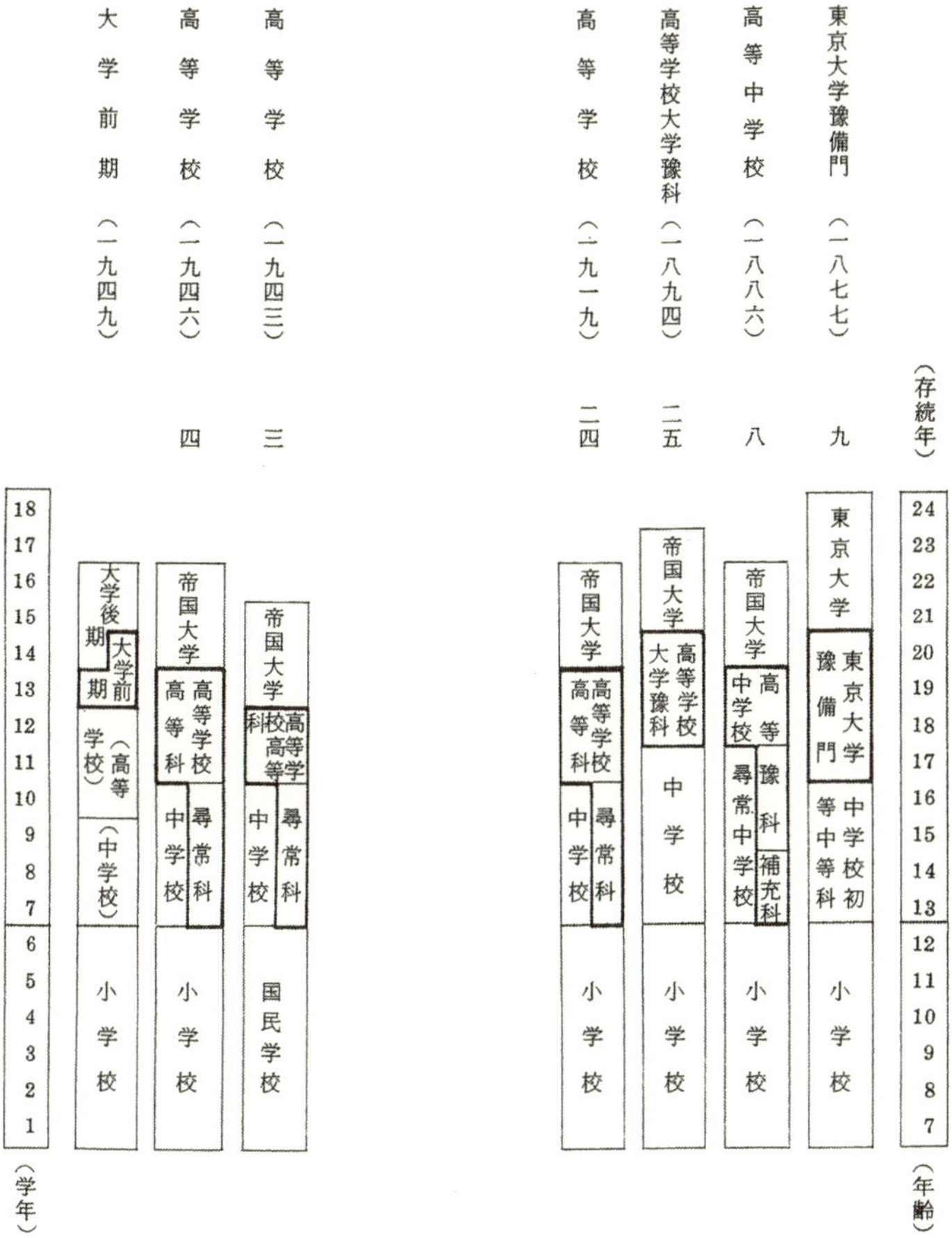

旧制高校関係出版・参考文献等（順不同、敬称略）

全篇にわたる基本的な参考文献

旧制高等学校資料保存会『旧制高等学校全書第一巻〜第八巻、別巻』一九八五年
講談社『20世紀全記録』一九八七年
五高同窓会『昭和三二年十月現在会員名簿』一九五七年
五高同窓会「五高同窓会会員名簿」九十五周年記念号、一九八三年
第五高等学校開校五十年記念会『五高五十年史』一九三九年、第五高等学校
高森良人『五高七十年史』一九五七年、第五高等学校同窓会
高橋左門『旧制高等学校史研究』一〜二〇号、一九七四〜一九七九年、旧制高等学校資料保存会
五高習学寮史編纂部『習学寮史』一九三八年、五高習学寮
五高習学寮史編纂部『続習学寮史』一九四八年、五高習学寮
五高人物史刊行会編纂委員会『五高人物史』一九五九年、五高人物史刊行会
五高同窓会『龍南會雑誌』「龍南」目次総集、一九七三年
第五高等学校『龍南会雑誌』各号、龍南會
第五高等学校雑誌部『龍南』各号、龍南會
東京五高会『全国五高会会報』一号〜一〇七号、一九七五年〜二〇〇五年

上村直己『明治期ドイツ語学者の研究』二〇〇一年、多賀出版
上村直己『近代日本のドイツ語学者』二〇〇八年、島影社
上村直己「第五高等学校外国人教師履歴：附録」『九州の日独文化交流人物誌』二〇〇五年、熊本大学文学部地域科学科
東京五高会『龍南回顧――創立八十周年記念』一九六七年
奈良本辰也監修『読める年表・明治大正』一九八一年、自由国民社
奈良本辰也監修『読める年表・昭和』一九八二年、自由国民社
西日本新聞社『西日本新聞百年史』一九七八年
秦郁彦『旧制高校物語』一九四〇年、文藝春秋
文部省『目で見る教育百年の歩み』一九七二年
丸山眞男『現代政治の思想と行動』上・下、一九五七年、未來社
小山紘『五高その世界』一九八八年、西日本新聞
小山紘『さらば我友叫ばずや』二〇一五年、論創社

明治期における主たる参考文献

板垣退助監修『自由當史』上・下巻、一九一〇年、東京五車樓
熊本近代史研究会『近代日本と熊本』一九七五年、葦書房
熊本市教育委員会『肥後文教と其城府の教育』一九五六年
長谷川純三編著『嘉納治五郎の教育と思想』一九八一年、明治書院

熊本大学小泉八雲研究会『ラフカディオ・ハーン再考』一九九三年、一九九六年、恒文社
平井呈一訳『全訳小泉八雲作品集』第七巻 八雲と近代文明、一九六四年、恒文社
西成彦『ラフカディオ・ハーンの耳』一九九三年、岩波書店
平川祐弘『小泉八雲西洋脱出の夢』二〇一七年、勉誠出版
太田雄三『ラフカディオ・ハーン――虚像と実像』一九九四年、岩波書店
島根郷土資料刊行会『西田千太郎日記全一巻』一九七六年
小泉節子・小泉一雄『小泉八雲・思い出の記』一九七六年、恒文社
山口白陽『赤星典太先生』一九四六年、大日本教育會熊本県支部
築島謙三『ラフカディオ・ハーンの日本観・増補版』一九六四年、勁草書房
帝国文学会『帝国文学 小泉八雲記念号』第拾巻第拾号（明治三七年発行）、一九八〇年、日本図書センター
村川堅固「母校に於ける小泉八雲先生」『龍南』二〇〇号、一九二六年、龍南会
リデル、ライト両女史顕彰会『リデル、ライト両女史記念祭報告書』一九九三年
猪飼隆明『ハンナ・リデルと回春病院』二〇〇五年、熊本出版文化会館
内田守編『ユーカリの実るを待ちて』一九七六年、リデル、ライト記念老人ホーム
裏辻憲道『宗教文化卓話抄――博多大仏』一九八五年、宗教文化
『漱石全集』第二二巻ノート、一九九七年、岩波書店
荒正人著／小田切秀雄監修『漱石研究年表・増補改訂』一九八四年、集英社
江藤淳『漱石とその時代』第一部、第二部、一九七〇年、新潮社
鹿子木敏範『漱石の周辺』一九七九年、「気質季報」一四号別刷
今村隆『第五代旧制五高外国人英語教師 W.E.L.Seet の履歴と業績について』二〇〇三年、崇城大学研究報告第

二八巻
山崎貞士『幾山河』一九九五年、熊本日日新聞社
第五高等学校基督教青年会『花陵會創立第四十周年記念號』一九三六年、花陵會
熊本大学ＹＭＣＡ花陵会『五高・熊大キリスト者の青春　花陵会百年史』一九九六年
財団法人日独協会『再建二十周年記念　日独文化交流の史実』一九七四年
九州学院百周年記念史編纂委員会『九州学院百年史』二〇一二年、学校法人九州学院
佐藤八寿子「明治期ミッションスクールと不敬事件」二〇〇二年『京都大学大学院教育学研究科紀要』第四八号
大川周明顕彰会『大川周明日記』一九八六年、岩崎学術出版社
大川周明『安楽の門』二〇一五年、書肆心水
大塚健洋『大川周明――ある復古革新主義者の思想』二〇〇九年、講談社
高田保馬『思郷記』一九四三年、文藝春秋
亀井俊介『内村鑑三』一九七七年、中央公論社
日本聖公会熊本聖三一教会百年史編集委員会『熊本聖三一――教会百年史』一九七九年
稲富肇『故遠山参良先生』一九三三年、九州学院

大正・昭和前期にかけての主たる参考文献

明治大正昭和新聞研究会『新聞集成大正編年史三年下巻』一九八〇年
成田龍一『大正デモクラシー』二〇〇七年、岩波書店
田中惣五郎『吉野作造――大正デモクラシーの使徒』一九五八年、未來社

太田雅夫『大正デモクラシー研究』一九七五年、新泉社
天野貞祐『天野貞祐全集』第五巻、一九七〇年、栗田出版会
上村直己「七高造士館の独語教師たち――天野貞祐」文芸同人誌『あかね』二〇一八年
久留米市教育委員会『ドイツ軍兵士と久留米――久留米俘虜収容所Ⅱ』二〇〇三年
小泉信三『青年　小泉信三の日記』二〇〇一年、慶應義塾大学出版会
上村直己「S・ビュットナーの見た七高と五高」『九州の日独文化交流人物誌』二〇〇五年、熊本大学文学部地域科学科
茶園義男『大日本帝国内地俘虜収容所』一九八六年、不二出版
熊本日独協会『創立四五周年記念誌熊本の日独交流』二〇〇七年
重光葵『外交回想録』二〇一一年、中央公論
重光葵記念館『重光葵外交意見集』第一巻、二〇一一年、現代史料出版
奈良岡聰智『「八月の砲声」を聞いた日本人』二〇一三年、千倉書房
佐藤栄作『佐藤栄作日記』第二巻、一九九八年、朝日新聞社
佐藤栄作『今日は明日の前日』一九六四年、フェイス
坂田道男『わが道わが家』一九六八年、エッセー編集刊行会
鹿子木敏範編纂『ウィルヘルム・グンデルト生誕百年記念特集』一九八〇年
渡辺好明「ウィルヘルム・グンデルトの村松時代」『郷土村松』第六七号、二〇一〇年、村松郷土史研究会
牛腸丙午郎「村松に於けるキリスト教」『村松郷土誌』六号、一九八二年、村松町史編纂委員会
新潟県新津地域振興課調整会議『ふるさとの誇り一〇〇話』二〇〇五年
酒井得元『禅に生きる沢木興道』一九五六年、誠信書房

深草義平「第五高等学校佛教青年會沿革」『龍南』第一七六号、一九二一年、龍南会
西谷啓治編『講座禅第八巻　現代と禅』一九六八年、筑摩書房
内務省警保局『我国に於けるデモクラシーの思潮』一九一八年
大内兵衛『旧師旧友』一九四八年、岩波書店
向坂逸郎『若き僚友の死』一九六〇年、文藝春秋新社
文藝春秋社『「文藝春秋」にみる昭和史』第一、第二巻、一九八八年
九州大学さようなら六本松誌編集委員会『青春群像さようなら六本松』二〇〇八年
学而寮史編纂委員会『福岡高等学校学而寮史』一九四九年
竹内洋『教養主義の没落』二〇〇三年、中央公論新社
竹内洋『丸山眞男の時代』二〇〇五年、中央公論新社
森本忠『僕の天路歴程』一九三九年、ぐろりあ・そさえて
国松孝二、高橋義孝『ドイツの文学』一九六三年、新潮社

戦時下日本の主たる参考文献等

グレイアム・マーター『GOKOSEI OF RYUNAN』一九三一年、稲本報徳舎出版部
木下順二『木下順二集』第一、第二、第一二巻、一九八八年、岩波書店
近藤春雄『ナチスの青年運動――ヒットラー青少年団と労働奉仕団』一九三八年、三省堂
スーザン・キャンベル・バートレッティ、林田康一訳『ヒトラー・ユーゲントの若者たち』二〇一〇年、あすなろ書房

竹山道雄『竹山道雄著作集』第三巻、一九八三年、福武書店
高橋健二『文化と文学』一九四二年、鮎書房
河北倫明『東行西行』一九七〇年、三彩社
山本康雄『河北倫明聞書・美心游歴』一九九二年、西日本新聞社
堀田江理『一九四一――決意なき開戦』二〇一六年、人文書院
田野大輔、柳原伸洋『教養のドイツ現代史』二〇一六年、ミネルヴァ書房
上田浩二、荒井訓『戦時下日本のドイツ人たち』二〇〇三年、集英社
荒井訓「終戦前滞日ドイツ人の体験――メモワール聞取り調査」『文化論集』第一五号、一九九九年
Friedrich Greil『Die Begegnung』一九七八年、郁文堂
国立歴史民俗博物館『ドイツと日本を結ぶもの――日独修好一五〇年の歴史』二〇一五年
濱田義道『生命ある限り』一九七七年、葦書房
毎日新聞社編『一億人の昭和史1』一九七五年、毎日新聞社
高田里恵子『文学部をめぐる病い――教養主義・ナチス・旧制高校』二〇〇一年、松籟社
内務省警保局編復刻版『外事月報』第三巻、第四巻、一九九四年、不二出版
ズザンナ・ツァヘルト『ズザンナさんの架けた橋』一九九六年、集英社
熊本大学五高記念館編『第五高等学校の学徒出陣』二〇一二年
薄田千穂『第五高等学校における軍事教練・査閲』二〇一〇年、熊本大学五高記念館
東大十八史会編『学徒出陣の記録――あるグループの戦争体験』一九六八年、中央公論社
熊本県警察史編さん委員会『熊本県警察史』第二巻、一九八二年、熊本県警本部
The Journal of American-East Asian Relations. No.3 Special Issue — December 7, 1941: The Pearl Harbor

Attack FALL 1994 pp. 193-298.
ロバート・クラウダー著／渡辺章子訳『わが失われし日本』一九九六年、葦書房
Robert Harrison Crowder『The Blue Furoshiki』二〇〇四年
小野まゆみ『敵国人抑留――戦時下の外国民間人』二〇〇九年、吉川弘文館
菅沼天涯『落葉草子』一九八七年、藤木博英社
日瑞関係のページ『心の糧戦時下の軽井沢第一部』http://www.saturn.dti.ne.jp/~ohori/sub-karuizawa1.htm

戦後の主たる参考文献等

文部省『新教育指針――付録マッカーサー司令部発教育関係指令』一九四六年
文部省『新教育指針』第二分冊、第一部前篇 新日本建設の根本問題、一九四五年
安倍能成『戦中戦後』一九四六年、白日書院
中島太郎『教育行政』一九五三年、岩波書店
劒木亨弘『戦後文教風雲録――続・牛の歩み』一九七七年、小学館
文部省編『わが国の高等教育――戦後における高等教育の歩み』一九六四年
熊谷徹『日本とドイツ――ふたつの「戦後」』二〇一五年、集英社
日本独文学会『ドイツ語教育・学習者の現状に関する調査　中間報告』二〇一三年
文部科学省『平成二八年度文部科学白書』二〇一七年
広田照幸代表『シリーズ大学5　教育する大学』二〇一三年、岩波書店
江利川春雄「日本の外国語教育政策史」二〇一八年、ひつじ書房

関口グローバル研究会主催、第三七回SGRAフォーラム「エリート教育は国に「希望」をもたらすか」二〇〇九年一二月、グーグル検索 http://www.aisf.or.jp/sgra/active/news/2009/1651/
吉田文「教養教育と専門教育との葛藤——学士課程カリキュラムの構造的問題」二〇〇六年、広島大学高等教育研究開発センター

写真協力（提供・複写含む）

熊本大学五高記念館、九州学院、リデル、ライト両女史記念館、写真集「龍南の青春譜」（五高開校一〇〇周年記念祭実行委員会編）、五高五十年史、五高七十年史、全国五高会会報、習学寮史、続習学寮史、龍南回顧、棚野泰全氏、藤本佳史氏、神田慶也氏（故人）鹿子木敏範氏（故人）その他

旧制五高外国人教師（旧制高等中学校含む）一覧

氏名、国籍／担当学科／在職年月日、略歴。肖像写真はとくに記載のあるものを除き、いずれも熊本大学五高記念館提供。

総勢三〇人。外国人教師の五高の在職期間は、熊本大学五高記念館が作成した「第五高等学校の外国人教師」一覧を参考にした。またフランス語授業は明治期に行われているが、第一、第二外国語科目としてのフランス語講座が設けられておらず、フランス人教師はいない。略歴は『五高七十年史』『五高五十年史』『九州の日独文化人物交流誌』の「第五高等学校外国人教師履歴：附録」『全国五高会会報』を参考文献にしている。本文に経歴等を詳述した外国人教師の略歴は割愛した。

明治期

イーバル・クラムミー　*Eber Crummy*

英領カナダ国／英語／明治二一年五月〜二四年一一月

ラフカディオ・ハーン　*Lafcadio Hearn*

英国／英語／明治二四年一一月～二七年一一月三〇日

ヘンリー・L・ファーデル　*Henry L. Fardel*

スイス国／英語、フランス語、ラテン語／明治二七年一二月～三六年七月

アルベルト・ボルヤーン　*Albert Bolljahn*

ドイツ／ドイツ語、ラテン語／明治二九年九月～三一年七月

ジョーン・B・ブランドラム　*John B. Brandram*

英国／英語／明治三一年九月～三二年三月

エルンスト・エルドマンスデェルフェル　*Ernst Erdmannsdörffer*

ドイツ／ドイツ語、ラテン語／明治三一年一二月～三三年七月

フランツ・アブラハム　*Franz Abraham*

ドイツ／ドイツ語、ラテン語／明治三三年一〇月～三四年七月

チャールス・L・ブラウン　*Charles L. Brown*

米国／英語／明治三四年一月～三二月、同一〇月～三五年八月、同三七年九月～三八年一二月

フリードリヒ・K・A・ハーン　*Friedrich K. A. Harn*

ドイツ／ドイツ語・ラテン語／明治三四年九月〜四〇年三月、同四一年九月〜四二年七月

フリードリヒ・ヴィルヘルムリン大学（ベルリン大学）哲学科、ハレ大学で学位授与、一年間、野戦砲兵隊で兵役従事、予備少尉となる。月俸三〇〇円。五高辞任後に、第八高等学校、愛知県立医学専門学校、愛知医科大学予科教師を歴任、著書に『なくてはならぬ和文独訳』『声音学本意独文進階』（八高教授・沢井要一との共著）あり。

ウィリアム・L・スウィート　*William L. Sweet*

英国／英語／明治三四年一〇月〜三九年七月

N・フリッツ・フオン・ヴェンクシュテルン　*N. Fritz von Wenckstern*

ドイツ／ドイツ語、英語、ラテン語／明治三六年九月〜四二年七月

アーネスト・C・H・モール　*Ernest C. H. Moule*

英国／英語／明治三九年九月〜四二年七月、大正元年九月〜三年七月

オックスフォード、ケンブリッジ大学で英語、英文学研究、上海で英語教師、清国・福州で英語教育事業に携わる。五高に赴任後に神経衰弱にかかり一時休職。趣味は柔道。

マックス・アウグスト・ゲェベル　*Max August Goebel*

ドイツ／ドイツ語／明治四〇年九月～四一年八月

バルメン生まれ、ストラスブルグ大学、ハレ大学、オランダ・ユトレヒト大学で学び、神学及び歴史学を研究、神学試験に合格、実科学校教師などを経て、ベルリン大学付属東洋学校日本語教授の勧めで来日。趣味はバイオリン演奏。第一次世界大戦で戦死。

明治期～大正期

ヨーゼフ・プラウト　*Joseph Plaut*

ドイツ／ドイツ語、ラテン語／明治四二年九月～大正元年七月

ベルリン大学で英語、フランス語、ゲルマン語、ドイツ語、文学及び文明史、美術史を学ぶ。来日前に近世及び古代の物語文学に関する研究で博士号。また図書館事業に携わるとともに、ドイツ語、英語教授活動や文学・評論活動で活躍。父は日本語学者。

オットー・A・W・プレンツェル　*Otto A. W. Prenzel*

ドイツ／ドイツ語／明治四二年九月～大正元年八月

ハイデルベルグ、ベルリン、マールブルグ大学でゲルマン文献学、歴史、哲学を研究、マールブルグ大学で哲学博士となる。ケルン官立学校で独逸語と

歴史を教えた。第一次世界大戦に従軍、大正一一年に再来日し、同一四年まで旧制佐賀高校の教壇に立った。

ハロルド・H・ウァラー　*Harold H. Waller*

英国／英語／明治四三年一〇月～大正五年七月

明治四三年四月から七月まで東京外国語学校で帰国中の代理教師を務め、モールの後任として五高に赴任した。龍南会雑誌に「松浦校長・謝辞」を寄稿。夫人に先立たれ、大正五年八月に旅費六七五円を支給され、帰国した。

ソフィー・ビュットナー　*Sophie Büttner*

ドイツ／ドイツ語／明治四四年九月～大正四年七月

大正期

キャサリン・G・ウッドロウ　*Catherine G. Woodrow*

米国／英語／大正三年八月～四年六月

米国ボストン生まれ。シンシナティ、ニューヨーク、ドイツ・ベルリンで英語、英文学、音楽、弁論術を専攻、その後、自宅や学校で教える一方、講演活動で活躍。その後、オハイオ州ハミルトンで外国人子弟のための学校で英語と朗読法の教師、来日し、熊本商業学校で英会話教師となり、五高嘱託講師を務めた。

ウイルヘルム・グンデルト　*Wilhelm Gundert*

ドイツ／ドイツ語／大正四年八月〜九年七月

ウイリアム・N・ポーター　*William N. Porter*

英国／英語／大正五年八月〜一四年三月

フランツ・ヒューボッター　*Franz Huebotter*

ドイツ／ドイツ語／大正一〇年四月〜一四年三月

D・S・スペンサー　*D. S. Spencer*

米国／英語／大正一四年九月〜一一月

米国ペンシルバニア州生まれ。ヅルー神学校を卒業し、神学士学位を受領、東京青山学院教授、長崎鎮西学院長、東京教父館理事、ニューヨーク・世界教会連盟アジア部主事などを歴任、大正一〇年に宣教師として来熊した。シラキュース大学で神学博士の学位を受領している。

ゲオルク・H・ドル　*Georg H. Doll*

ドイツ／ドイツ語／大正一四年五月〜昭和九年三月、同九月〜一〇年九月

L・S・G・ミラー　*L. S. G. Miller*

米国／英語／大正一四年九月〜一一月、昭和一二年四月〜七月

米国バージニア州生まれ、ロアノック大学で学位を受けたのち、フィラデルフィア・ルーテル派神学校を卒業し、北米一致ルーテル教会の派遣宣教師として来日し、横浜、福岡を経て大正九年一一月に九州学院教師となり、三一年間、熊本・九州学院に務めた。第二次世界大戦中に米国政府より日本人についての情報提供を求められたが、「自分はユダになりたくない」と拒否した、といわれている。昭和二六年七月に帰国、昭和五二年、死去した。

レオ・マイヤー　*Leo Meyer*

英国／英語／大正一四年一一月〜昭和三年三月

ダーミュハム大学で古典学を勉強中に英国留学中の五高英語教授、岡本清逸と知りあい、五高に招請された。小説家でもある。

（九州学院提供）

昭和期

ジェームス・G・デ・G・マーター　*James. G. de G. Martyr*

英国／英語／昭和三年四月〜一二年三月

フリードリヒ・カール・グライル　*Friedrich Karl Greil*

ドイツ／ドイツ語／昭和九年四月〜七月

G・W・シリンガー　*G. W. Schillinger*

英国／英語／昭和一二年四月〜七月

米国・ペンシルバニア生まれ。ルーテル派神学校卒業、大正九年に来日し、熊本、東京、佐賀、熊本でキリスト教伝道に従事、大正一五年五月に九州学院英語科教師となった。その後、帰米、ペンシルバニア大学研究科を卒業し、マスター・オブ・アーツ、マウントエリー・ルーテル神学校からバチュラー・オブ・アーツを受領し復職した。五高では週九時間の嘱託教師である。

ジェームス・R・ベアード　*James R. Baird*

米国／英語／昭和一二年九月〜一四年七月

米国テネシー州生まれ、テネシー大学、大学院で英語及び英文学を研究、同大学英文科特待員となり、英作文を指導、ハーバード大学で英文学を研究。

親日家で授業中に源氏物語などを話題にして、生徒たちを驚かせた。日本のファシズム体制下を心配し、授業中に「私は軍国主義が嫌いである。日本の最近の傾向は気がかりであるが、将来、日本のリーダーになる君たちは、自由主義の教育がなされており、意外に思っている」（『全国五高会会報』第七二号——羽田野哲郎記）と話していた、という。

ロバート・クラウダー　*Robert H. Crowder*

米国／英語／昭和一四年九月〜一七年三月

あとがき

筆者にとって『波濤とともに――五高の外国人教師たち』は、『五高その世界』（西日本新聞社）『さらば我友叫ばずや』（論創社）に続く旧制五高を舞台にした三作目の出版となった。書き上げて思うことは上村直己氏（熊本大学名誉教授、文学博士）をはじめ、多くの人達から励まし、アドバイスをいただき、、そして貴重な史料や旧制高校関係の出版物に巡り合わなければ、一冊の本にまとめることができなかったということである。

熊本大学のシンボル、赤煉瓦本館「熊本大学五高記念館」（表門、化学教室とともに国の重要文化財）には、幾度も足を運び、教えを乞うた。しかし平成二八年四月に熊本を襲った地震で赤煉瓦本館は、ひび割れ、天井のアーチ落下、煙突の倒壊などの被害を受け、化学教室、工学部資料館とともに震災復旧工事の真っ最中だ。

書籍類や展示物は、大学内の数か所に分散・保管されており、研究員の藤本秀子、薄田千穂両氏は、その一角に机を置いて研究業務をしている。顔を出すと、多忙にもかかわらず、おいしいお茶を出してくれ、心がなごむ思いもした。小野友道先生（熊本大学名誉教授、熊本保健科学大学学長）が会長をしている五高記念館友の会の会員に加えてもらったのも、そのころである。

地震前まで赤煉瓦本館は一般公開されていた。教室を覗くと、三代目校長の嘉納治五郎をはじめ、ラフカディオ・ハーン、夏目漱石、厨川白村らが教壇に立っていた風景が目に浮かぶようだった。パンフレットには、池田勇人、佐藤栄作両首相を始め、大川周明、宇野哲人、大内兵衛、梅崎春生、木下順二らの卒業生が紹介され、改めて近代日本を彩ってきた五高人脈の豊富さが伝わった。

来訪者の一人が、こんな話をしていたものだ。「ここに来ると、近代日本の青春とは一体、何だろうか、そんな思いにも駆られます。研究・調査、あるいは地域の文化資源として活用する拠点にとどまらず、精神的な拠り所にもなる場所です。まさに第一級のユニバーシティー・ミュージアムですよ」。

報道によると、震災復旧の総工費は、二十二億九千万円（工学部資料館を含む）、完工は、二〇二一年一二月。とはいえ、震災復旧工事が完了しても、今のところ、展示部門の予算的措置が決まらず、一般公開の時期は定かではない、という。世代を超えて親しまれてきた、優美な建物内部に入館できるまでには、まだかなりの歳月がかかりそうだ。早くよみがえれ五高記念館

――そんな思いが募る。

『さらば我友叫ばずや』を出版してから五年――短いようだが、やっぱり長い。この期間に死去された五高関係者のお元気なころの姿が目に浮かんでくる。一緒に五高最後の米国人教師ロバート・クラウダーを訪ねた故増岡健一氏は、筆者が福岡市内のカルチャーセンターで旧制高校関連の講座を開くと、高齢にもかかわらず、後輩の卒業生、浜高家三雄氏と並んで、五高の寮歌「武夫原頭」を声量豊かに謳いあげ、講座生をうならせていた。

故徳永徹氏（元福岡女学院名誉院長、元国立予防衛生研究所所長）の訃報にも、驚かされた。原爆投下があった長崎の小学校、中学校、五高で同窓の相川賢太郎氏（元三菱重工社長）らとの青春を綴った著書『少年たちの戦争』を読んで、取材もさせてもらった。「ドル先生に習っていないが、詳しい人を紹介してあげるよ」と言われ、再会を楽しみにしていた矢先だった。

長崎をしばしば訪れ、平和の大切さを語り継ぐ貴重な人だった。キリスト教葬の司式をした牧師が「徳永先生はいつも聖書に接続詞『にもかかわらず』を前につけて読んでおられた」と紹介し、ローマの信徒への手紙（一二章一二節）を「にもかかわらず希望をもって喜び、苦難を耐え忍び、たゆまず祈りなさい」と繰り返されたのも印象深い。

ミッションスクールの名門、九州学院の歴史資料・情報センターも旧制高校史につながる「宝の部屋」だった。同窓会副会長の小手川勲氏と小崎義昭氏（九州学院百周年記念史編纂委員会委員長）に取材のご協力を頂いたことも忘れられない。旧制高校史発掘の取材は、宝物探しの旅でもあった。新しい発見、新しい人との出会いがそこにあった。

最後になって恐縮であるが、貴重なアドバイスでいつも励ましてくれる伊藤章治氏、五高最後の米国人教師クラウダー氏の秘書を務め、アーティストとして活躍中の棚野泰全氏（ロサンゼルス在住）から玉稿を寄せて戴いた。おふたりに敬意を込めて感謝の言葉を捧げるとともに、論創社編集者松永裕衣子氏、校正担当の福島啓子氏のご指導、ご助言にお礼を申し上げる。

小山　紘（おやま・ひろし）
1941年生まれ、熊本市出身、熊本県立濟々黌高等学校、早稲田大学第一政治経済学部卒、西日本新聞社編集局入社、新聞三社連合（中日新聞、北海道新聞、西日本新聞）編集部長、西日本新聞社論説委員、事業局長、西日本天神文化サークル常務理事兼事務局長（現在は西日本 TNC 文化サークル）等を務めた。西日本新聞社社友。五高記念館友の会会員。著書に『さらば我友叫ばずや——旧制高校史発掘』（論創社刊）『五高その世界——旧制高校史発掘』（西日本新聞社刊）のほか、編集協力著書として『わが失われし日本——五高最後の米国人教師』（ロバート・クラウダー著、葦書房刊）がある。

波濤とともに——五高の外国人教師たち

2019年10月10日　初版第 1 刷印刷
2019年10月20日　初版第 1 刷発行

著　者　小 山　紘

発行者　森下　紀夫

発行所　論 創 社
〒101-0051 東京都千代田区神田神保町 2-23　北井ビル
tel. 03 (3264) 5254　fax. 03 (3264) 5232
http://www.ronso.co.jp　振替口座 00160-1-155266

装　幀　奥定泰之
組　版　中野浩輝
印刷・製本　中央精版印刷
ISBN978-4-8460-1876-4